HEYNE KOCHBÜCHER

Dr. Oetker

Blechkuchen

WILHELM HEYNE VERLAG
MÜNCHEN

VORWORT

Lustige Kaffeerunden, große Feste und bunte Gartenpartys geben Anlass, Ihre Gäste mit dem Gebäck vom Blech zu verwöhnen.

Feinste Zutaten wie Butter, Sahne und Schmand verfeinert mit Bourbon-Vanille und Aromen, mit Pistazien, Rosinen und Mandelsplittern ergänzt, lassen den Rühr-, Hefe-, Knet-, Biskuit- oder Quark-Öl-Teig in unterschiedlichsten Variationen erscheinen. Reichlich bedeckt mit saftigem Obst oder pikanten Zutaten vollenden den Kuchen vom Blech.

KAPITELÜBERSICHT

Blechkuchen mit Belag und Füllung

Blechkuchen mit Obst

Blechkuchen würzig und pikant

SEITE 74-91

RATGEBER

SEITE 92-93

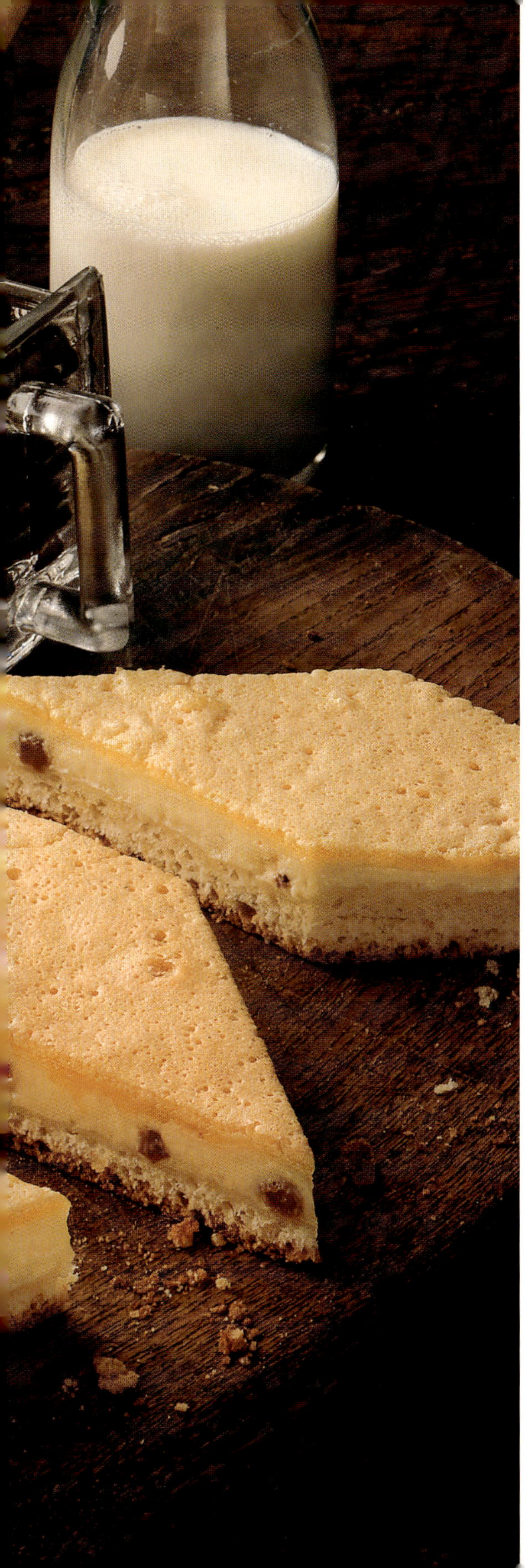

Blechkuchen mit

Blechkuchen mit Belag und Füllung

Belag und Füllung

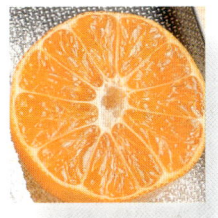

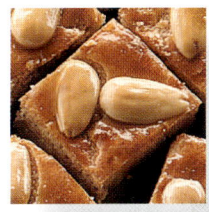

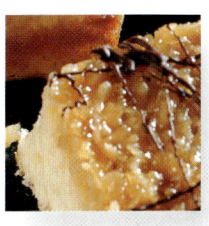

Eierschecke,
Rezept Seite 10

EIERSCHECKE *(FOTO SEITE 8/9)*

1. Für den Teig das Mehl in eine Rührschüssel sieben, mit der Hefe sorgfältig vermischen. Die übrigen Zutaten hinzufügen, mit dem Handrührgerät mit Knethaken zunächst auf niedrigster, dann auf höchster Stufe in etwa 5 Minuten zu einem Teig verarbeiten. Den Teig abgedeckt so lange an einem warmen Ort gehen lassen, bis er sich sichtbar vergrößert hat.

2. Für den Quarkbelag aus Pudding-Pulver, Zucker und Milch einen Pudding nach Packungsanleitung kochen, in eine Schüssel geben. Klarsichtfolie auf den Pudding legen, damit sich während des Abkühlens keine Haut bildet.

3. Den gegangenen Teig aus der Schüssel nehmen, auf der leicht mit Mehl bestäubten Arbeitsfläche nochmals kurz durchkneten, in einer gefetteten Fettfangschale (30 x 40 cm) ausrollen. Unter den abgekühlten Pudding Quark und Rosinen rühren, auf den Teig streichen.

4. Für die Eiercreme die Butter mit dem Handrührgerät mit Rührbesen geschmeidig rühren. Nach und nach den Zucker unterrühren. So lange rühren, bis eine gebundene Masse entstanden ist. Das Eigelb nach und nach unterrühren. Das Eiweiß steif schlagen, auf die Eigelbmasse geben. Die Speisestärke darüber sieben, mit dem Eischnee vorsichtig unter die Eigelbmasse heben, auf dem Quarkbelag verteilen, glatt streichen, sofort backen.

Ober-/Unterhitze: 180–200 °C (vorgeheizt)
Heißluft: 160–180 °C (nicht vorgeheizt)
Gas: Stufe 3–4 (vorgeheizt)
Backzeit: etwa 30 Minuten.

APFEL-KÄSEKUCHEN *(FOTO)*

1. Für den Teig das Mehl und Backpulver mischen und in eine Rührschüssel sieben. Den Zucker und das Eigelb zufügen. Die Butter zerlassen, zufügen und alles zu Streuseln verkneten. Die Streusel auf einem gefetteten Backblech (30 x 40 cm) verteilen und mit der Hand andrücken. Kalt stellen, anschließend Apfelmus darauf verstreichen.

(Fortsetzung Seite 11)

2. Die Eier trennen. Butter oder Margarine, Zucker und Vanillin-Zucker schaumig rühren. Nach und nach das Eigelb unterrühren. Zitronenschale und -saft, Quark und Grieß zugeben und verrühren.

3. Das Eiweiß steif schlagen, unter die Quarkmasse heben und auf dem Apfelmus verteilen. Das Backblech in den Backofen schieben.

Ober-/Unterhitze: etwa 200 °C (vorgeheizt)
Heißluft: etwa 180 °C (nicht vorgeheizt)
Gas: etwa Stufe 4 (vorgeheizt)
Backzeit: etwa 45 Minuten.

4. Den Kuchen kurz vor dem Servieren mit Puderzucker bestäuben.

Tipp:
Das Apfelmus selbst herstellen. Dafür 750 g Äpfel waschen, von Stiel und Blüte befreien, in kleine Stücke schneiden, mit 5 Esslöffeln Wasser zum kochen bringen, weich kochen lassen, mit 50 g Zucker abschmecken.

DIE ZUTATEN:

FÜR DEN BELAG:
6 EIER (GRÖSSE M)
150 g WEICHE BUTTER
ODER MARGARINE
200 g ZUCKER
1 PCK. VANILLIN-ZUCKER
ABGERIEBENE SCHALE
VON ½ ZITRONE
(UNBEHANDELT)
6 EL ZITRONENSAFT
1 kg SPEISEQUARK
(MAGERSTUFE)
3 EL GRIESS
1 EIWEISS (GRÖSSE M)
PUDERZUCKER ZUM
BESTÄUBEN

DIE ZUTATEN:

FÜR DEN QUARK-ÖL-TEIG:
300 g WEIZENMEHL
1 PCK. BACKPULVER
150 g SPEISEQUARK
100 ml MILCH
100 ml SPEISEÖL
75 g ZUCKER
1 PCK. VANILLIN-ZUCKER
SALZ

FÜR DEN BELAG:
250 g GEMAHLENER
MOHN
500 ml (½ l) WASSER
2 PCK. PUDDING-PULVER
VANILLE-GESCHMACK
50 g GRIESS
200 g ZUCKER
1 l KALTE MILCH
100 g ROSINEN
2–3 TROPFEN ZITRONEN-
AROMA
2 EIGELB (GRÖSSE M)
2 EIWEISS (GRÖSSE M)

THÜRINGER MOHNKUCHEN

1. Für den Teig das Mehl mit dem Backpulver mischen, in eine Rührschüssel sieben und den Quark, Milch, Speiseöl, Zucker, Vanillin-Zucker und Salz hinzufügen. Die Zutaten mit dem Handrührgerät mit Knethaken auf höchster Stufe etwa 1 Minute verarbeiten, anschließend auf der Arbeitsfläche zu einer Rolle formen. Den Teig auf einem gefetteten Backblech (30 x 40 cm) ausrollen.

2. Für den Belag den Mohn mit Wasser übergießen und etwas quellen lassen. Das Pudding-Pulver, den Grieß und den Zucker mischen und mit 125 ml (⅛ l) von der Milch anrühren. Die übrige Milch zum Kochen bringen. Das Pudding-Pulver unter Rühren in die von der Kochstelle genommene Milch geben. Kurz aufkochen lassen. Mohn, Rosinen und das Zitronen-Aroma unterrühren.

3. Die Hälfte der Mohnmasse auf den Teig streichen. Unter den Rest das Eigelb rühren. Das Eiweiß steif schlagen und unterheben. Die Ei-Mohn-Masse auf die Mohnmasse streichen, das Backblech in den Backofen schieben.

Ober-/Unterhitze: 180–200 °C (vorgeheizt)
Heißluft: 160–180 °C (nicht vorgeheizt)
Gas: Stufe 3–4 (vorgeheizt)
Backzeit: etwa 30 Minuten.

BIENENSTICH

1. Für den Teig das Mehl in eine Rührschüssel sieben und mit der Hefe sorgfältig vermischen. Die übrigen Zutaten hinzufügen und mit dem Handrührgerät mit Knethaken zunächst auf niedrigster, dann auf höchster Stufe in etwa 5 Minuten zu einem glatten Teig verarbeiten. Den Teig abgedeckt an einem warmen Ort so lange gehen lassen, bis er sich sichtbar vergrößert hat.

2. Für den Belag die Butter mit Zucker, Vanillin-Zucker, Honig und Schlagsahne unter Rühren langsam erhitzen, kurz aufkochen lassen. Die Mandeln unterrühren, die Masse abkühlen lassen, dabei ab und zu umrühren. Den gegangenen Teig nochmals kurz durchkneten, rechteckig ausrollen und in eine gefettete Fettfangschale (30 x 40 cm) legen.

3. Den Belag gleichmäßig auf dem Teig verteilen und den Teig nochmals so lange gehen lassen, bis er sich sichtbar vergrößert hat. Das Backblech erst dann in den Backofen schieben.

Ober-/Unterhitze: 200–220 °C (vorgeheizt), **Heißluft:** 180–200 °C (vorgeheizt)
Gas: Stufe 3–4 (vorgeheizt), **Backzeit:** 12–15 Minuten.

4. Die Fettfangschale auf einen Kuchenrost stellen und erkalten lassen.

5. Für die Füllung aus dem Pudding-Pulver mit Milch und Zucker nach Packungsanleitung einen Pudding zubereiten, die Butter sofort unterrühren, den Pudding kalt stellen und ab und zu durchrühren. Die Gebäckplatte vierteln, jedes Viertel waagerecht durchschneiden und mit der Creme füllen.

DIE ZUTATEN:

FÜR DEN HEFETEIG:
375 g WEIZENMEHL
1 PCK. TROCKENHEFE
50 g ZUCKER
1 PCK. VANILLIN-ZUCKER
1 PRISE SALZ
1 EI (GRÖSSE M)
150–200 ml LAUWARME MILCH
50 g ZERLASSENE, ABGEKÜHLTE BUTTER ODER MARGARINE

FÜR DEN BELAG:
150 g BUTTER
75 g ZUCKER
1 PCK. VANILLIN-ZUCKER
1 EL HONIG
3 EL SCHLAGSAHNE
150 g ABGEZOGENE, GEHOBELTE MANDELN

FÜR DIE FÜLLUNG:
2 PCK. PUDDING-PULVER VANILLE-GESCHMACK
750 ml (³/₄ l) MILCH
75–100 g ZUCKER
100 g WEICHE BUTTER

DIE ZUTATEN:

FÜR DEN HEFETEIG:

500 g WEIZENMEHL
1 PCK. TROCKENHEFE
100 g ZUCKER
1 PCK. VANILLIN-ZUCKER
SALZ
1 EI (GRÖSSE M)
200 ml LAUWARME MILCH
100 g ZERLASSENE,
ABGEKÜHLTE BUTTER

FÜR DIE STREUSEL:

300 g WEIZENMEHL
150 g ZUCKER
1 PCK. VANILLIN-ZUCKER
200 g WEICHE BUTTER
50 g ABGEZOGENE,
GEMAHLENE MANDELN
ODER HASELNUSSKERNE

FÜR DIE FÜLLUNG:

1 l MILCH
100 g ZUCKER
2 PCK. PUDDING-PULVER
VANILLE-, SAHNE-,
KARAMELL- ODER
MANDEL-GESCHMACK
2 EIER (GRÖSSE M)
75 g WEICHE BUTTER

GEFÜLLTER STREUSEL-KUCHEN

1. Für den Teig das Mehl in eine Schüssel sieben, mit der Trockenhefe sorgfältig vermischen. Den Zucker mit Vanillin-Zucker, Salz, Ei, Milch, zerlassene, abgekühlte Butter hinzufügen. Die Zutaten mit dem Handrührgerät mit Knethaken zunächst auf niedrigster, dann auf höchster Stufe in etwa 5 Minuten zu einem Teig verarbeiten, sollte er kleben, noch etwas Mehl hinzufügen (aber nicht zu viel, Teig muss weich bleiben).

2. Den Teig so lange an einem warmen Ort gehen lassen, bis er sich sichtbar vergrößert hat, ihn dann auf höchster Stufe nochmals gut durchkneten. Den Teig auf einem gefetteten Backblech (30 x 40 cm) ausrollen. Vor den Teig einen mehrfach umgeknickten Streifen Alufolie legen.

3. Für die Streusel das Mehl in eine Rührschüssel sieben, mit Zucker, Vanillin-Zucker mischen. Die Butter und die Mandeln oder Haselnusskerne hinzufügen. Alle Zutaten mit dem Handrührgerät mit Knethaken zu Streuseln von gewünschter Größe verarbeiten, gleichmäßig auf dem Teig verteilen.

4. Den Teig nochmals so lange an einem warmen Ort gehen lassen, bis er sich sichtbar vergrößert hat. Das Backblech in den Backofen schieben.

Ober-/Unterhitze: 200–220 °C (vorgeheizt)
Heißluft: 180–200 °C (vorgeheizt)
Gas: Stufe 4–5 (vorgeheizt)
Backzeit: 20–25 Minuten.

5. Den gebackenen Kuchen auf einem Kuchenrost erkalten lassen.

6. Für die Füllung aus Milch, Zucker, Pudding-Pulver und Eiern nach Packungsanleitung einen Pudding kochen (die Eier unter das angerührte Pudding-Pulver rühren). In 2–3 Portionen die weiche Butter unter den heißen Pudding rühren. Die Masse unter gelegentlichem Umrühren erkalten lassen.

7. Den Kuchen halbieren oder vierteln, die einzelnen Stücke quer durchschneiden, jeweils die untere Hälfte mit etwas von der Creme bestreichen, mit der oberen Hälfte bedecken.

Tipp:
Die Gebäckplatten können vor dem Bestreichen mit Pudding mit Preiselbeeren aus dem Glas bestrichen werden oder 1 Glas (360 g) gut abgetropfte Sauerkirschen auf der Puddingcreme verteilen.

FÜR DEN BELAG:
150 g BUTTER
200 g ZUCKER
1 PCK. VANILLIN-ZUCKER
2 EL MILCH
200 g KOKOSRASPEL

FÜR DEN QUARK-ÖL-TEIG:
300 g WEIZENMEHL
1 PCK. BACKPULVER
150 g SPEISEQUARK
100 ml MILCH
100 ml SPEISEÖL
75 g ZUCKER
1 PCK. VANILLIN-ZUCKER
1 PRISE SALZ
MILCH

RASPELKUCHEN

1. Für den Belag die Butter zerlassen, nach und nach den Zucker, Vanillin-Zucker, Milch und Kokosraspel unterrühren und abkühlen lassen.

2. Für den Teig das Mehl mit dem Backpulver mischen, in eine Rührschüssel sieben. Quark, Milch, Öl, Zucker, Vanillin-Zucker und Salz hinzufügen und mit dem Handrührgerät mit Knethaken auf höchster Stufe in etwa 1 Minute verarbeiten. Anschließend auf der Arbeitsfläche zu einer Rolle formen.

3. Den Teig auf einem gefetteten Backblech (30 x 40 cm) ausrollen und mit Milch bestreichen. Die Kokosmasse gleichmäßig auf dem Teig verteilen. Vor den Teig ein mehrfach geknicktes Stück Alufolie legen. Das Backblech in den Backofen schieben.

Ober-/Unterhitze: 180–200 °C (vorgeheizt)
Heißluft: 160–180 °C (vorgeheizt)
Gas: Stufe 3–4 (vorgeheizt)
Backzeit: etwa 20 Minuten.

DIE ZUTATEN:

FÜR DEN HEFETEIG:
GUT 250 ml (¼ l)
LAUWARME MILCH
1 WÜRFEL
FRISCHE HEFE (42 g)
1 TL ZUCKER
500 g WEIZENMEHL
75 g ZUCKER
1 PCK. VANILLIN-ZUCKER
1 EI (GRÖSSE M)
1 PRISE SALZ
75 g ZERLASSENE,
ABGEKÜHLTE BUTTER

FÜR FÜLLUNG:
2 kg SÄUERLICHE ÄPFEL
(Z.B. BOSKOP)
SAFT UND ABGERIEBENE
SCHALE VON 1 ZITRONE
(UNBEHANDELT)
75 g ZUCKER
100 ml APFELSAFT
½ ZIMTSTANGE

FÜR DEN BELAG:
1 PCK. PUDDING-PULVER
VANILLE-GESCHMACK (FÜR
500 ml FLÜSSIGKEIT)
500 ml (½ l) MILCH
40 g ZUCKER
60 g MANDELSTIFTE
40 g ZUCKER
30 g BUTTER

APFEL-VANILLEKUCHEN

1. Für den Teig die Milch mit der zerbröckelten Hefe und dem Zucker verrühren, etwa 10 Minuten gehen lassen. Das Mehl in eine Rührschüssel sieben, in die Mitte eine Vertiefung eindrücken, die restlichen Teigzutaten an den Rand geben.

2. Die gegangene Hefe in die Mitte geben, alle Zutaten mit dem Handrührgerät mit Knethaken in 3–5 Minuten zu einem glatten Teig verarbeiten. Den Teig an einem warmen Ort so lange abgedeckt gehen lassen, bis er sich sichtbar vergrößert hat.

3. Für die Füllung die Äpfel waschen, schälen, vierteln und das Kerngehäuse herausschneiden. Die Apfelviertel in dünne Scheiben schneiden und mit Zitronensaft beträufeln. Die Äpfel, Zucker, Zitronenschale, Apfelsaft und Zimtstange aufkochen und etwa 5 Minuten dünsten. Die Zimtstange entfernen und das Apfelkompott etwas abkühlen lassen.

4. Das Pudding-Pulver mit 4 Esslöffeln Milch und Zucker (40 g) glatt rühren. Die restliche Milch aufkochen, das Pudding-Pulver einrühren und nochmals kurz aufkochen und etwas abkühlen lassen.

5. Den Hefeteig durchkneten und halbieren. Beide Hälften in Größe der Fettfangschale (30 x 40 cm) auf einer bemehlten Arbeitsfläche dünn ausrollen. Die Fettfangschale mit einer Hälfte auslegen, das lauwarme, abgetropfte Apfelkompott darauf verteilen und mit dem übrigen Hefeteig bedecken und nochmals 10–15 Minuten gehen lassen.

6. Mit den Fingern Mulden in die Teigoberfläche drücken und den Pudding hineingeben. Die Zwischenräume mit Mandelstiften und Zucker bestreuen. Die Butter in Flöckchen darauf verteilen. Die Fettfangschale in den Backofen schieben.

Ober-/Unterhitze: etwa 200 °C (vorgeheizt), **Heißluft:** etwa 180 °C (vorgeheizt)
Gas: etwa Stufe 4 (vorgeheizt), **Backzeit:** etwa 25 Minuten.

FÜR DEN TEIG:

200 g WEIZENMEHL

1 GESTR. TL BACKPULVER

75 g ZUCKER

1 PCK. VANILLIN-ZUCKER

1 EI (GRÖSSE M)

125 g WEICHE BUTTER

FÜR DIE FÜLLUNG:

750 g STACHELBEEREN

200 g ZUCKER

2 EL WASSER

1 PCK. TORTENGUSS,
KLAR

1 EL ZUCKER

250 ml (¼ l) STACHEL-
BEERSAFT

FÜR DEN KROKANT:

1 MSP. BUTTER

1 EL ZUCKER

30 g ABGEZOGENE,
GEHACKTE MANDELN

SPEISEÖL

FÜR DEN BELAG:

500 ml (½ l) SCHLAG-
SAHNE

50 g ZUCKER

2 PCK. SAHNESTEIF

1 PCK. VANILLIN-ZUCKER

4 EL ZITRONENSAFT

STACHELBEERSCHNITTEN

1. Für den Teig das Mehl mit Backpulver mischen und in eine Rührschüssel sieben. Zucker, Vanillin-Zucker, Ei und Butter hinzufügen. Die Zutaten mit dem Handrührgerät mit Knethaken zunächst kurz auf niedrigster, dann auf höchster Stufe kurz durcharbeiten.

2. Anschließend auf der Arbeitsfläche zu einem glatten Teig verkneten. Sollte er kleben, ihn eine Zeit lang kalt stellen. Den Teig auf einem gefetteten Backblech (30 x 40 cm) ausrollen und mehrmals mit einer Gabel einstechen. Das Backblech in den Backofen schieben.

Ober-/Unterhitze: 200–220 °C (vorgeheizt)
Heißluft: 180–200 °C (vorgeheizt)
Gas: Stufe 4–5 (vorgeheizt)
Backzeit: etwa 15 Minuten.

3. Das Gebäck sofort nach dem Backen halbieren, lösen und erkalten lassen.

4. Für die Füllung Stachelbeeren von Stiel und Blüte befreien, waschen, abtropfen lassen, mit Zucker und Wasser einige Minuten dünsten (vorsichtig umrühren, Beeren sollen nicht zerfallen).

5. Die Beeren zum Abtropfen auf ein Sieb geben, den Saft auffangen und 250 ml (¼ l) davon abmessen (evtl. mit Wasser ergänzen). Den Tortenguss mit Zucker und Stachelbeersaft nach Packungsanleitung zubereiten, Stachelbeeren unterheben und erkalten lassen.

6. Für den Krokant die Butter zerlassen, den Zucker hinzufügen und unter Rühren schwach bräunen lassen. Die Mandeln hinzufügen und unter Rühren erhitzen, bis der Krokant genügend gebräunt ist. Die Masse auf eine mit Öl bestrichene Platte geben, erkalten lassen und in kleine Stücke zerstoßen.

7. Einen der beiden Knetteigböden mit der Stachelbeermasse gleichmäßig bestreichen, die zweite Platte darauf legen, gut andrücken.

8. Für den Belag die Sahne ½ Minute schlagen. Den Zucker mit Sahnesteif und Vanillin-Zucker mischen, einstreuen, die Sahne steif schlagen. Zitronensaft vorsichtig unterziehen.

9. Die Masse gleichmäßig auf dem oberen Knetteigboden verstreichen, mit einem Tortenkamm oder einer Gabel „Wellen" in den Belag ziehen und mit Krokant bestreuen. Das Gebäck in Schnitten schneiden.

DIE ZUTATEN:

FÜR DEN TEIG:
1 PCK. TK-BLÄTTER-
TEIG (450 g)

FÜR DEN BELAG:
250 g ABGEZOGENE,
GEMAHLENE MANDELN
ETWA 1 EL ROSENWASSER
(AUS DER APOTHEKE)
250 g ZUCKER
1 EI (GRÖSSE M)
100 g SCHMAND
1 TL GEMAHLENER ZIMT
ABGERIEBENE SCHALE
VON ½ ZITRONE
(UNBEHANDELT)

PREUSSISCHER ZIMTKUCHEN

1. Für den Teig den Blätterteig abgedeckt bei Zimmertemperatur auftauen lassen. Die Teigplatten aufeinander legen, zu einem Rechteck in der Größe des Backblechs (30 x 40 cm) ausrollen und auf das mit Wasser abgespülte Backblech legen.

2. Für den Belag die Mandeln mit Rosenwasser, Zucker, Ei, Schmand, Zimt und Zitronenschale zu einer streichfähigen Masse verrühren. Die Mandelmasse auf den Blätterteig streichen. Den Kuchen mehrmals mit einer Gabel einstechen und das Backblech in den Backofen schieben.

Ober-/Unterhitze: 180–200 °C (vorgeheizt)
Heißluft: 160–180 °C (nicht vorgeheizt)
Gas: Stufe 3–4 (vorgeheizt)
Backzeit: etwa 30 Minuten.

KOKOS-ANANAS-KUCHEN

1. Für den Hefeteig die Milch mit der zerbröckelten Hefe und dem Zucker verrühren, etwa 10 Minuten gehen lassen. Das Mehl in eine Rührschüssel sieben, in die Mitte eine Vertiefung eindrücken, die restlichen Teigzutaten an den Rand geben.

2. Die gegangene Hefe in die Mitte geben, alle Zutaten mit dem Handrührgerät mit Knethaken in 3–5 Minuten zu einem glatten Teig verarbeiten. Den Teig an einem warmen Ort so lange abgedeckt gehen lassen, bis er sich sichtbar vergrößert hat.

3. Für den Belag die Butter in einem Topf schmelzen. Kokosraspel und abgetropfte Ananasraspel sowie Milch, Zucker, Vanillin-Zucker und Zitronenschale zufügen und verrühren.

4. Den Hefeteig in einer Fettfangschale (30 x 40 cm) ausrollen und nochmals etwa 15 Minuten gehen lassen. Den Belag darauf mit 2 Gabeln verteilen. Das Backblech in den Backofen schieben.

Ober-/Unterhitze: etwa 200 °C (vorgeheizt)
Heißluft: etwa 180 °C (vorgeheizt)
Gas: etwa Stufe 4 (vorgeheizt)
Backzeit: 20–25 Minuten.

5. Den Kuchen in Stücke schneiden, mit Sahnetuffs, gemahlenen Pistazien, Kirschen, Ananasstückchen, Zitronenmelisse, Zuckerblümchen verzieren.

DIE ZUTATEN:

FÜR DEN HEFETEIG:
200 ml LAUWARME MILCH
1 WÜRFEL FRISCHE HEFE (42 g)
1 TL ZUCKER
375 g WEIZENMEHL
50 g ZUCKER
1 PCK. VANILLIN-ZUCKER
1 EI (GRÖSSE M)
1 PRISE SALZ
50 g ZERLASSENE, ABGEKÜHLTE BUTTER

FÜR DEN BELAG:
200 g BUTTER
200 g KOKOSRASPEL
1 DOSE (ABTROPF-GEWICHT 280 g) ANANAS-RASPEL
2–3 EL MILCH
125–150 g ZUCKER
1 PCK. VANILLIN-ZUCKER
ABGERIEBENE SCHALE VON ½ ZITRONE (UNBEHANDELT)

ZUM VERZIEREN:
GESCHLAGENE SCHLAG-SAHNE
GEMAHLENE PISTAZIEN
KIRSCHEN
ANANASSTÜCKCHEN
ZITRONENMELISSE
ZUCKERBLÜMCHEN

FÜR DEN BISKUITTEIG:
3 EIER (GRÖSSE M)
4–5 EL HEISSES WASSER
150 g ZUCKER
1 PCK. VANILLIN-ZUCKER
100 g WEIZENMEHL
50 g SPEISESTÄRKE
1 GESTR. TL BACKPULVER

FÜR DIE FÜLLUNG:
ETWA 200 g MANDARINEN-
SPALTEN (DOSE)
1 PCK. GELATINE
GEMAHLEN, WEISS
500 g SPEISEQUARK
150 g ZUCKER
1 PCK. VANILLIN-ZUCKER
2 EIGELB (GRÖSSE M)
ABGERIEBENE SCHALE
VON ½ ZITRONE
(UNBEHANDELT)
2 EL ZITRONENSAFT
250 ml (¼ l)
SCHLAGSAHNE
2 EIWEISS (GRÖSSE M)

ZUM BESTÄUBEN:
PUDERZUCKER

QUARK-SAHNE-SCHNITTEN MIT MANDARINEN

1. Für den Biskuitteig die Eier mit dem Wasser mit dem Handrührgerät mit Rührbesen auf höchster Stufe in 1 Minute schaumig schlagen. Den Zucker mit Vanillin-Zucker mischen, in 1 Minute einstreuen, dann noch etwa 2 Minuten schlagen.

2. Das Mehl, Speisestärke und Backpulver mischen, die Hälfte davon auf die Eiercreme sieben, kurz auf niedrigster Stufe unterrühren, den Rest des Mehlgemisches auf die gleiche Weise unterarbeiten. Den Teig auf ein gefettetes, mit Backpapier belegtes Backblech (30 x 40 cm) streichen, das Papier unmittelbar vor dem Teig zu einer Falte knicken, so dass ein Rand entsteht. Das Backblech in den Backofen schieben.

Ober-/Unterhitze: 200–220 °C (vorgeheizt)
Heißluft: –
Gas: Stufe 4–5 (vorgeheizt)
Backzeit: 10–15 Minuten.

3. Den Biskuit sofort nach dem Backen auf ein mit Zucker bestreutes Küchentuch stürzen, das Backpapier mit kaltem Wasser bestreichen, vorsichtig, aber schnell abziehen. Den Biskuit quer halbieren, abkühlen lassen.

4. Für die Füllung die Mandarinenspalten abtropfen lassen, den Saft auffangen, 6 Esslöffel davon abmessen. Die Gelatine in einem kleinen Topf mit dem abgemessenen Saft anrühren, 10 Minuten zum Quellen stehen lassen.

5. Den Quark mit Zucker, Vanillin-Zucker, Eigelb, Zitronenschale und Zitronensaft verrühren. Die Gelatine unter Rühren erwärmen, bis sie gelöst ist, unter den Quark rühren. Die Sahne und das Eiweiß getrennt steif schlagen, mit den Mandarinenspalten unter die Quarkmasse heben.

6. Die Füllung auf eine der Biskuithälften streichen, mit der anderen Hälfte bedecken (die untere Seite nach oben), leicht andrücken. Die Seiten glatt streichen, das Gebäck kalt stellen, bis es schnittfest ist, die Oberfläche des Gebäcks mit Puderzucker bestäuben, in beliebig große Schnitten schneiden.

Tipp:
Für die Füllung die Mandarinenspalten
durch eine kleine Dose (240 g) Aprikosen
(in Stücke geschnitten) ersetzen.

DIE ZUTATEN:

FÜR DEN RÜHRTEIG:
125 g VERLESENE
ROSINEN
250 ml (¼ l) ROTWEIN
250 g WEICHE BUTTER
ODER MARGARINE
250 g ZUCKER
2 PCK. VANILLIN-ZUCKER
1 PRISE SALZ
2 GESTR. TL ZIMT
5 EIER (GRÖSSE M)
325 g WEIZENMEHL
40 g KAKAOPULVER
4 GESTR. TL BACKPULVER

ZUM BESTREUEN:
150 g GERASPELTE
VOLLMILCH-SCHOKOLADE

ZUM VERZIEREN:
200–250 g SCHLAGSAHNE
1 EL ZUCKER
1 PCK. SAHNESTEIF
WEISSE RASPEL-
SCHOKOLADE

ROTWEINKUCHEN

1. Für den Teig die Rosinen mit dem Rotwein übergießen, am besten über Nacht stehen lassen. Die Butter oder Margarine mit dem Handrührgerät mit Rührbesen geschmeidig rühren. Nach und nach Zucker, Vanillin-Zucker, Salz und Zimt unterrühren. So lange rühren, bis eine gebundene Masse entstanden ist.

2. Die Eier nach und nach unterrühren (jedes Ei etwa ½ Minute). Das Mehl, Kakao und Backpulver mischen, sieben, esslöffelweise auf mittlerer Stufe unterrühren. Zuletzt Rosinen mit dem Rotwein unterheben.

3. Den Teig auf ein gefettetes Backblech (30 x 40 cm) geben, glatt streichen und mit Schokolade bestreuen.

Ober-/Unterhitze: etwa 180 °C (vorgeheizt)
Heißluft: etwa 160 °C (nicht vorgeheizt)
Gas: etwa Stufe 3 (vorgeheizt)
Backzeit: 30–40 Minuten.

4. Das Gebäck erkalten lassen, in Rauten, Dreiecke oder Quadrate schneiden. Die Schlagsahne mit Zucker und Sahnesteif steif schlagen. Die Gebäckstücke damit verzieren und nach Belieben mit weißer Raspelschokolade garnieren.

HOLLÄNDISCHER SPEKULATIUS

1. Für den Teig das Mehl mit dem Backpulver mischen und in eine Rührschüssel sieben. Die übrigen Zutaten hinzufügen und mit dem Handrührgerät mit Knethaken zunächst kurz auf niedrigster, dann auf höchster Stufe gut durcharbeiten. Anschließend auf der Arbeitsfläche zu einem glatten Teig verkneten und einige Stunden kalt stellen.

2. Für die Füllung die Marzipan-Rohmasse mit dem Puderzucker und Eiweiß zu einer glatten Masse verkneten. Die Hälfte des Teiges auf einem gefetteten Backblech (30 x 40 cm) ausrollen. Die Marzipanmasse ebenfalls in der Größe ausrollen und auf den Knetteig legen.

3. Die andere Teighälfte ebenfalls in der Größe ausrollen und auf die Marzipanmasse legen. Den Teig an den Rändern gut andrücken. Das Eigelb mit der Milch verschlagen und die Teigplatte damit bestreichen. Die Teigplatte mit den Mandeln garnieren und das Backblech in den Backofen schieben.

Ober-/Unterhitze: 180–200 °C (vorgeheizt)
Heißluft: 160–180 °C (nicht vorgeheizt)
Gas: Stufe 3–4 (vorgeheizt)
Backzeit: 30–40 Minuten.

FÜR DEN KNETTEIG:
150 g WEIZENMEHL
40 g ZUCKER
1 PCK. VANILLIN-ZUCKER
3–4 TROPFEN BUTTER-
VANILLE-AROMA
1 PRISE SALZ
100 g BUTTER ODER
MARGARINE

FÜR DEN BISKUITTEIG:
2 EIER (GRÖSSE M)
2 EL HEISSES WASSER
100 g ZUCKER
1 PCK. VANILLIN-ZUCKER
1 PRISE SALZ
1 GESTR. TL BACKPULVER
100 g WEIZENMEHL

50 g APRIKOSEN-
KONFITÜRE
50 ml SEKT

FÜR DEN BELAG:
8 BLATT GELATINE, WEISS
125 ml (⅛ l) LIEBLICHER
SEKT
450 g JOGHURT
60–80 g ZUCKER
250 ml (¼ l) SCHLAG-
SAHNE
150 g PFIRSICHHÄLFTEN
(AUS DER DOSE)

ZUM GARNIEREN:
PFIRSICHSPALTEN, ERD-
BEEREN, JOHANNISBEEREN
PFEFFERMINZEBLÄTTCHEN

PFIRSICH-SEKT-SCHNITTEN

1. Für den Knetteig das Mehl in eine Rührschüssel sieben. Die übrigen Zutaten hinzufügen, mit Handrührgerät mit Knethaken zunächst kurz auf niedrigster, dann auf höchster Stufe gut durcharbeiten.

2. Anschließend auf der Arbeitsfläche zu einem glatten Teig verkneten. Sollte der Teig kleben, ihn eine Zeit lang kalt stellen.

3. Teig nochmals gut durchkneten und auf einem gefetteten Backblech (30 x 40 cm) zu einem Rechteck ausrollen. Mehrmals mit einer Gabel einstechen.

Ober-/Unterhitze: etwa 180 °C (vorgeheizt), **Heißluft:** etwa 160 °C (vorgeheizt)
Gas: etwa Stufe 3 (vorgeheizt), **Backzeit:** 10–12 Minuten.

4. Die Knetteigplatte sofort nach dem Backen lösen, auf dem Backblech erkalten lassen.

5. Für den Biskuitteig die Eier und Wasser mit Handrührgerät mit Rührbesen auf höchster Stufe in 1 Minute schaumig schlagen. Zucker, Vanillin-Zucker und Salz mischen, in 1 Minute einstreuen und dann noch etwa 2 Minuten schlagen. Das mit Backpulver gemischte und gesiebte Mehl vorsichtig auf niedrigster Stufe unterrühren.

6. Ein Backblech mit Backpapier belegen, Backrand in der Größe 30 x 25 cm darauf stellen. Den Teig hineingeben, glatt streichen und sofort backen.

Ober-/Unterhitze: 180–200 °C (vorgeheizt), **Heißluft:** –
Gas: Stufe 3–4 (nicht vorgeheizt), **Backzeit:** 12–15 Minuten.

7. Sofort nach dem Backen den Backrand entfernen. Die Biskuitplatte auf einen mit Backpapier belegten Kuchenrost stürzen, erkalten lassen.

8. Die Knetteigplatte mit Aprikosen-Konfitüre bestreichen, mit der Biskuitplatte belegen. Den Backrand darum stellen, die Biskuitplatte mit Sekt tränken (mit Hilfe eines Pinsels).

9. Für den Belag die Gelatine in etwas kaltem Wasser einweichen. Den Sekt erhitzen, die ausgedrückte Gelatine unter Rühren darin auflösen.

10. Den Joghurt mit Zucker verrühren, den Sekt unterrühren. Die Sahne steif schlagen. Sobald die Joghurtmasse zu gelieren beginnt, die Sahne unterheben.

11. Die Hälfte der Masse in den Backrand geben, glatt streichen. Die Pfirsichhälften (gut abgetropft) in kleine Würfel schneiden und darauf verteilen. Die restliche Joghurtmasse darauf geben und glatt streichen. Das Gebäck etwa 3 Stunden kalt stellen.

12. Den Backrand mit Hilfe eines Messers lösen. Das Gebäck in 15 Schnitten schneiden, jede Schnitte mit 2–3 Pfirsichspalten, Erdbeeren oder Johannisbeeren und Pfefferminzeblättchen garnieren.

DIE ZUTATEN:

FÜR DEN TEIG:
375 g WEIZENMEHL
1 PCK. TROCKENHEFE
50 g ZUCKER
1 PCK. VANILLIN-ZUCKER
1 PRISE SALZ
200 ml LAUWARME MILCH
75 g ZERLASSENE,
ABGEKÜHLTE BUTTER

FÜR DEN BELAG:
125 g BUTTER
75 g ZUCKER
1 PCK. VANILLIN-ZUCKER
50–75 g ABGEZOGENE,
GEHOBELTE MANDELN

BUTTERKUCHEN

1. Für den Teig das Mehl in eine Schüssel sieben und mit Trockenhefe sorgfältig mischen.

2. Den Zucker, Vanillin-Zucker, Salz, Milch und Butter hinzufügen. Die Zutaten mit Handrührgerät mit Knethaken zunächst auf niedrigster, dann auf höchster Stufe in etwa 5 Minuten zu einem Teig verarbeiten.

3. Den Teig zugedeckt so lange an einem warmen Ort gehen lassen, bis er sich sichtbar vergrößert hat.

4. Den Teig aus der Schüssel nehmen, auf der Arbeitsfläche nochmals kurz durchkneten. Auf einem gefetteten Backblech (30 x 40 cm) ausrollen. Vor den Teig einen mehrfach umgeknickten Streifen Alufolie legen.

5. Für den Belag die Butter in Flöckchen gleichmäßig auf den Teig setzen oder zerlassen und darauf streichen. Zucker mit Vanillin-Zucker mischen, darüber streuen.

6. Die Mandeln gleichmäßig darüber verteilen. Den Teig nochmals so lange an einem warmen Ort gehen lassen, bis er sich sichtbar vergrößert hat, dann in den Backofen schieben.

Ober-/Unterhitze: 200–220 °C (vorgeheizt)
Heißluft: 180–200 °C (vorgeheizt)
Gas: Stufe 4–5 (vorgeheizt)
Backzeit: etwa 15 Minuten.

TRAUBEN-PUDDING-SCHNITTEN

1. Für den Knetteig das Mehl mit Backpulver mischen und in eine Rührschüssel sieben. Die restlichen Zutaten hinzugeben und mit Handrührgerät mit Knethaken zunächst auf niedrigster, dann auf höchster Stufe gut durcharbeiten.

2. Den Teig auf einer bemehlten Arbeitsfläche zu einem glatten Teig verkneten. Sollte der Teig kleben, ihn in Folie gewickelt 20–30 Minuten kühl stellen. Den Teig auf einem gefetteten, gemehlten Backblech (30 x 40 cm) ausrollen.

3. Für den Biskuitteig Eier und Wasser mit Handrührgerät mit Rührbesen auf höchster Stufe in 1 Minute schaumig schlagen. Zucker und Vanillin-Zucker mischen, in 1 Minute einstreuen, dann noch etwa 2 Minuten schlagen.

4. Das Mehl und Backpulver mischen, die Hälfte davon auf die Eiercreme sieben, kurz auf niedrigster Stufe unterrühren, den Rest des Mehlgemisches und die Mandeln auf die gleiche Art unterarbeiten. Zuletzt die Butter unterrühren. Den Biskuitteig auf den Knetteig streichen. Bei Benutzung eines Backbleches einen mehrfach geknickten Streifen Alufolie als Rand vor den Teig legen und backen.

Ober-/Unterhitze: etwa 200 °C (vorgeheizt), **Heißluft:** etwa 180 °C (vorgeheizt)
Gas: etwa Stufe 4 (vorgeheizt), **Backzeit:** etwa 12 Minuten.

5. Für den Belag einen Pudding aus Milch, Pudding-Pulver und Zucker nach Packungsanleitung zubereiten. Den Hüttenkäse unterrühren, die Weintrauben waschen, gut abtropfen lassen, halbieren, unterheben, die Masse auf den vorgebackenen Boden streichen und **den Kuchen bei gleicher Backofentemperatur nochmals etwa 30 Minuten backen.**

DIE ZUTATEN:

FÜR DEN KNETTEIG:
175 g WEIZENMEHL
1 MSP. BACKPULVER
100 g ZUCKER
1 PCK. VANILLIN-ZUCKER
1 EI (GRÖSSE M)
75 g BUTTER

FÜR DEN BISKUITTEIG:
2 EIER (GRÖSSE M)
2 EL HEISSES WASSER
100 g ZUCKER
1 PCK. VANILLIN-ZUCKER
100 g WEIZENMEHL
1 GESTR. TL BACKPULVER
50 g ABGEZOGENE, GEMAHLENE, GERÖSTETE MANDELN
30 ZERLASSENE, ABGEKÜHLTE BUTTER

FÜR DEN BELAG:
600 ml MILCH
2 PCK. PUDDING-PULVER VANILLE-GESCHMACK
150 g ZUCKER
400 g HÜTTENKÄSE
200 g KERNLOSE, GRÜNE WEINTRAUBEN

500 ml (½ l) SCHLAG-
SAHNE
150 g GEHACKTE HALB-
BITTER-KUVERTÜRE

FÜR DEN RÜHRTEIG:
150 g WEICHE BUTTER
75 g ZUCKER
1 PCK. VANILLIN-ZUCKER
3 EIGELB (GRÖSSE M)
50 g WEIZENMEHL
½ GESTR. TL BACK-
PULVER
100 g ABGEZOGENE,
GEMAHLENE MANDELN
50 g ABGEZOGENE,
GEHACKTE MANDELN
100 g GEHACKTE HALB-
BITTER-KUVERTÜRE
3 EIWEISS (GRÖSSE M)

FÜR DIE FÜLLUNG:
WILD-PREISELBEEREN
(GLAS, ABTROPFGEWICHT
175 g)
1 PCK. TORTENGUSS, ROT
30 g ZUCKER
4 EL COGNAC ODER
WEINBRAND

ZUM GARNIEREN:
BORKENSCHOKOLADE
ODER SCHOKOLOCKEN

SCHOKOLADEN-COGNAC-SCHNITTEN

1. Für die Schokoladensahne die Sahne zum Kochen bringen und die gehackte Kuvertüre unter Rühren darin auflösen. Über Nacht kalt stellen.

2. Für den Teig die Butter mit dem Handrührgerät mit Rührbesen auf höchster Stufe geschmeidig rühren. Nach und nach den Zucker und den Vanillin-Zucker unterrühren, bis eine gebundene Masse entstanden ist. Das Eigelb nach und nach unterrühren (jedes Eigelb ½ Minute).

3. Das Mehl mit dem Backpulver mischen, sieben und unterrühren. Zuletzt die Mandeln, Kuvertüre und das steif geschlagene Eiweiß unterheben. Den Teig auf ein gefettetes mit Backpapier belegtes, mit einem Streifen Alufolie in der Mitte abgeteiltes Backblech (30 x 40 cm) streichen und in den Backofen schieben.

Ober-/Unterhitze: 180–200 °C (vorgeheizt)
Heißluft: 160–180 °C (vorgeheizt)
Gas: Stufe 3–4 (vorgeheizt)
Backzeit: etwa 25 Minuten.

4. Das Gebäck auf einen mit Backpapier belegten Kuchenrost stürzen und das Backpapier abziehen, erkalten lassen.

5. Für die Füllung die Preiselbeeren mit dem Saft zum Kochen bringen. Das Tortengusspulver mit Zucker und 3–4 Esslöffeln Wasser anrühren, in die Preiselbeeren rühren und kurz aufkochen lassen. Den Cognac (Weinbrand) unterrühren.

6. Die Masse auf den Gebäckboden streichen und erkalten lassen. Die Schokoladensahne steif schlagen und auf die Preiselbeermasse streichen.

7. Zum Garnieren das Gebäck in Schnitten teilen und mit der Borkenschokolade oder den Schokolocken garnieren.

Tipp:
Ein Glas (360 g) Sauerkirschen abtropfen lassen.
Aus 250 ml (¼ l) Sauerkirschsaft, 30 g Zucker
und 1 Päckchen Tortenguss einen Guss zubereiten,
die Sauerkirschen unterheben, evtl. mit Cognac
oder Weinbrand abschmecken und anstatt der
Preiselbeerfüllung auf den Boden streichen.

DIE ZUTATEN:

FÜR DEN STREUSELTEIG:

125 g WEICHE BUTTER
ODER MARGARINE
100 g ZUCKER
1 PCK. VANILLIN-ZUCKER
1 EI (GRÖSSE S)
275 g WEIZENMEHL
2 GESTR. TL BACKPULVER

FÜR DEN BELAG:

750 g BROMBEEREN
4 EIGELB (GRÖSSE M)
200 g ZUCKER
1 PCK. BOURBON-
VANILLEZUCKER
½ PCK. GERIEBENE
ZITRONENSCHALE
1 PRISE SALZ
100 g ABGEZOGENE,
GEMAHLENE, LEICHT
GEBRÄUNTE MANDELN
1 BECHER (150 g)
CRÈME FRAÎCHE
4 EIWEISS (GRÖSSE M)

PUDERZUCKER

BROMBEER-SCHNITTEN

1. Für den Teig die Butter oder Margarine mit dem Handrührgerät mit Rührbesen auf höchster Stufe geschmeidig rühren. Nach und nach den Zucker und Vanillin-Zucker unterrühren, bis eine gebundene Masse entstanden ist. Das Ei etwa ½ Minute unterrühren.

2. Das Mehl mit dem Backpulver mischen, sieben, die Hälfte portionsweise auf mittlerer Stufe unterrühren. Den Rest des Mehlgemisches auf den Teig geben und mit dem Handrührgerät mit Knethaken zu einer krümeligen Masse verarbeiten. Die Streusel auf ein gefettetes Backblech (30 x 40 cm) geben, leicht andrücken.

3. Für den Belag die Brombeeren waschen und gut abtropfen lassen, evtl. trocken-tupfen und auf dem Teig verteilen. Das Eigelb mit ⅔ des Zuckers, Vanillezucker, Zitronenschale und Salz schaumig rühren. Die Mandeln und die Crème fraîche hinzufügen, verrühren.

4. Das Eiweiß steif schlagen, den restlichen Zucker unterschlagen und unter die Eigelbcreme heben. Den Guss auf die Brombeeren geben und glatt streichen. Das Backblech in den Backofen schieben.

Ober-/Unterhitze: 180–200 °C (vorgeheizt)
Heißluft: 160–180 °C (nicht vorgeheizt)
Gas: Stufe 3–4 (vorgeheizt)
Backzeit: etwa 30 Minuten.

5. Das erkaltete Gebäck vor dem Servieren mit Puderzucker bestäuben.

DONAUWELLEN

bei 16 Stck. ca. 500 kcal

1. Für den Rührteig die Butter oder Margarine mit dem Handrührgerät mit Rührbesen auf höchster Stufe geschmeidig rühren. Nach und nach den Zucker, Vanillin-Zucker und das Salz hinzufügen. So lange rühren, bis eine gebundene Masse entstanden ist. Die Eier nach und nach unterrühren (jedes Ei etwa ½ Minute).

2. Das Mehl mit dem Backpulver mischen, sieben und portionsweise auf mittlerer Stufe unterrühren. Knapp ⅔ des Teiges auf ein gefettetes Backblech (30 x 40 cm) streichen. Das Kakaopulver sieben, mit der Milch unter den restlichen Teig rühren und gleichmäßig auf dem hellen Teig verteilen. Vor den Teig einen mehrfach geknickten Streifen Alufolie legen. Die Sauerkirschen gut abtropfen lassen und auf dem dunklen Teig verteilen.

Ober-/Unterhitze: 180–200 °C (vorgeheizt)
Heißluft: 160–180 °C (vorgeheizt)
Gas: Stufe 3–4 (vorgeheizt)
Backzeit: 35–40 Minuten.

3. Das Gebäck auf einen Kuchenrost stellen und auskühlen lassen.

4. Für die Buttercreme aus dem Pudding-Pulver, Zucker und der Milch nach Packungsanleitung einen Pudding zubereiten. Den Pudding direkt mit Frischhaltefolie abdecken und kalt stellen. Die Butter geschmeidig rühren und den erkalteten Pudding esslöffelweise darunter rühren (darauf achten, dass weder Pudding noch Butter zu kalt sind, da sonst die sogenannte Gerinnung eintritt). Die erkaltete Gebäckplatte gleichmäßig mit der Buttercreme bestreichen und kalt stellen.

5. Für den Guss die Kuvertüre oder Schokolade in kleine Stücke brechen und mit dem Kokosfett in einem Topf im Wasserbad bei mittlerer Hitze schmelzen. Den Guss auf die fest gewordene Buttercreme streichen und mit Hilfe eines Tortenkamms verzieren.

DIE ZUTATEN:

FÜR DEN RÜHRTEIG:
250 g WEICHE BUTTER ODER MARGARINE
200 g ZUCKER
1 PCK. VANILLIN-ZUCKER
1 PRISE SALZ
5 EIER (GRÖSSE M)
375 g WEIZENMEHL
3 GESTR. TL BACKPULVER
20 g KAKAOPULVER
1 EL MILCH
ETWA 700 g ENTSTEINTE SAUERKIRSCHEN (AUS DEM GLAS)

FÜR DIE BUTTERCREME:
1 PCK. PUDDING-PULVER VANILLE-GESCHMACK
75–100 g ZUCKER
500 ml (½ l) MILCH
250 g WEICHE BUTTER

FÜR DEN GUSS:
200 g ZARTBITTER-KUVERTÜRE ODER SCHOKOLADE *+ 2 El Öl*
20 g KOKOSFETT *geht auch!*

MASCARPONE-BIRNEN-KUCHEN

FÜR DEN QUARK-ÖL-TEIG:
200 g WEIZENMEHL
(TYP 1050)
100 g WEIZENVOLLKORN-MEHL
½ PCK. BACKPULVER
50 g ABGEZOGENE, GEHACKTE MANDELN
150 g MAGERQUARK
100 ml MILCH
100 ml SONNEN-BLUMENÖL
75 g ROHRZUCKER
1 PCK. VANILLIN-ZUCKER
1 PRISE SALZ

FÜR DEN BELAG:
125 ml (⅛ l) SHERRY
125 ml (⅛ l) WASSER
2 TL INGWERPULVER
2 EL ZITRONENSAFT
1 ½ kg BIRNEN

4 EL SHERRY

FÜR DEN GUSS:
1 PCK. TORTENGUSS, KLAR
1 EL ROHRZUCKER
250 ml (¼ l) BIRNENSUD

FÜR DIE MASCARPONE-SAHNE:
200 ml BIRNENSUD
8 BLATT GELATINE, WEISS
500 g MASCARPONE
500 ml (½ l) SCHLAG-SAHNE
3 EL ROHRZUCKER

2–3 TL KAKAOPULVER

1. Für den Quark-Öl-Teig das Mehl mit Backpulver mischen und in eine Rührschüssel sieben. Die restlichen Zutaten hinzufügen und mit Handrührgerät mit Knethaken auf höchster Stufe in etwa 1 Minute zu einem glatten Teig verarbeiten (nicht zu lange, da der Teig sonst klebt).

2. Den Teig auf einem gefetteten Backblech (30 x 40 cm) ausrollen.

3. Für den Belag alle Zutaten, bis auf die Birnen, in einen großen Topf geben und erhitzen.

4. Die Birnen schälen, vierteln, entkernen und in Spalten schneiden, in die Flüssigkeit geben und darin weich dünsten. Die Birnen abtropfen lassen, Birnensud auffangen und mit Wasser auf 450 ml auffüllen.

5. Die Birnen etwas abkühlen lassen und auf dem Teig verteilen.

Ober-/Unterhitze: etwa 180 °C (vorgeheizt)
Heißluft: etwa 160 °C (nicht vorgeheizt)
Gas: etwa Stufe 3 (vorgeheizt)
Backzeit: etwa 35 Minuten.

6. Die Birnen noch heiß mit 4 Esslöffeln Sherry beträufeln und den Kuchen auf dem Blech auskühlen lassen.

7. Für den Guss den Tortenguss nach Packungsanleitung mit Rohrzucker und 250 ml (¼ l) abgemessenem Birnensud zubereiten, über die Birnen geben und fest werden lassen.

8. Für die Mascarpone-Sahne die restlichen 200 ml Birnensud in einen Topf geben, die Gelatine nach Packungsanleitung darin quellen lassen, auflösen und etwas abkühlen lassen. Die Mascarpone unterrühren, Masse kalt stellen und, sobald diese anfängt zu gelieren, die Sahne mit Rohrzucker steif schlagen und unter die Mascarponemasse ziehen.

9. Die Mascarpone-Sahne auf die Birnen streichen. Den Kuchen kalt stellen und vor dem Servieren mit Kakao bestäuben.

Tipp:
Wer es lieber weniger „sahnig" mag, halbiert bei der Mascarpone-Sahne einfach die Mengen.

DIE ZUTATEN:

FÜR DEN HEFETEIG:
250 g WEIZENMEHL
1 PCK. TROCKENHEFE
1 BECHER (150 g)
CRÈME FRAÎCHE, LEICHT
ERWÄRMT
50 g ZUCKER
1 PRISE SALZ
½ PCK. GERIEBENE
ZITRONENSCHALE
1 EI (GRÖSSE M)

FÜR DEN BELAG:
350 ml MILCH
250 g GEMAHLENER
MOHN
75 g ZUCKER
1 EI (GRÖSSE M)
½ PCK. GERIEBENE
ZITRONENSCHALE
100 g ABGEZOGENE,
GEHACKTE MANDELN
2 DOSEN APRIKOSEN
(JE 480 g ABTROPF-
GEWICHT)
1 PCK. PUDDING-PULVER
VANILLE-GESCHMACK

FRUCHTIGER MOHNKUCHEN

1. Für den Teig das Mehl in eine Rührschüssel sieben und mit der Hefe sorgfältig vermischen. Die übrigen Zutaten hinzufügen. Die Zutaten mit dem Handrührgerät mit Knethaken zunächst kurz auf niedrigster, dann auf höchster Stufe in etwa 5 Minuten zu einem glatten Teig verarbeiten. Den Teig abgedeckt an einem warmen Ort gehen lassen, bis er sich sichtbar vergrößert hat.

2. Für den Belag die Milch zum Kochen bringen, den Mohn damit übergießen und etwa 30 Minuten quellen lassen. Zucker, Ei, Zitronenschale und Mandeln unterrühren. Die Aprikosen auf ein Sieb zum Abtropfen geben, die Hälfte pürieren und den Rest in Würfel schneiden. Das Aprikosenpüree mit dem Pudding-Pulver unter die Mohnmasse rühren.

3. Den Hefeteig nochmals durchkneten, auf einem gefetteten Backblech (30 x 40 cm) ausrollen. Vor den Teig einen mehrfach geknickten Streifen Alufolie legen, die Aprikosen-Mohn-Masse auf den Teig streichen und die Aprikosenwürfel darauf verteilen. Den Kuchen nochmals etwa 10 Minuten gehen lassen, dann das Backblech in den Backofen schieben.

Ober-/Unterhitze: etwa 200 °C (vorgeheizt)
Heißluft: etwa 180 °C (nicht vorgeheizt)
Gas: etwa Stufe 4 (vorgeheizt)
Backzeit: etwa 30 Minuten.

RHABARBERKUCHEN MIT QUARKGUSS

1. Für den Teig das Mehl mit dem Backpulver mischen, in eine Rührschüssel sieben. Die übrigen Zutaten hinzufügen, mit dem Handrührgerät mit Knethaken zunächst kurz auf niedrigster, dann auf höchster Stufe gut durcharbeiten, anschließend auf der Arbeitsfläche zu einem glatten Teig verkneten. Den Teig etwa 1 Stunde kalt stellen, auf einem gefetteten Backblech (30 x 40 cm) ausrollen, mehrmals mit einer Gabel einstechen. Vor den Teig einen mehrfach geknickten Streifen Alufolie legen.

Ober-/Unterhitze: 180–200 °C (vorgeheizt)
Heißluft: 160–180 °C (vorgeheizt)
Gas: Stufe 3–4 (vorgeheizt)
Backzeit: etwa 25 Minuten.

2. Das Gebäck abkühlen lassen.

3. Für den Belag den Rhabarber waschen, trockentupfen (nicht abziehen), in etwa 4 cm lange Stücke schneiden, auf der Gebäckplatte verteilen und mit Zucker bestreuen.

4. Für den Guss die Eier, Zucker, Vanillin-Zucker und Aroma mit dem Handrührgerät mit Rührbesen schaumig rühren. Den Quark und die Speisestärke unterrühren. Die Masse auf dem Rhabarber verteilen. **Den Kuchen bei gleicher Backofentemperatur weitere 25–30 Minuten backen.**

5. Den erkalteten Kuchen mit Puderzucker bestäuben.

DIE ZUTATEN:

FÜR DEN KNETTEIG:
400 g WEIZENMEHL
3 GESTR. TL BACKPULVER
125 g ZUCKER
1 PCK. VANILLIN-ZUCKER
½ FLÄSCHCHEN BUTTER-VANILLE-AROMA
1 PRISE SALZ
2 EIER (GRÖSSE M)
250 g WEICHE BUTTER

FÜR DEN BELAG:
1–1,2 kg RHABARBER
100–200 g ZUCKER

FÜR DEN GUSS:
4 EIER (GRÖSSE M)
200 g ZUCKER
1 PCK. VANILLIN-ZUCKER
½ FLÄSCHCHEN BUTTER-VANILLE-AROMA
500 g MAGERQUARK
20 g SPEISESTÄRKE

ZUM BESTÄUBEN:
PUDERZUCKER

DIE ZUTATEN:

FÜR DEN KNETTEIG:
225 g WEIZENMEHL
60 g PUDERZUCKER
1 PCK. VANILLIN-ZUCKER
1 PRISE SALZ
1 EIGELB (GRÖSSE M)
225 g BUTTER

FÜR DIE FÜLLUNG:
750 g MAGERQUARK
150 g ZUCKER
3 EL ZITRONENSAFT
1 PCK. PUDDING-PULVER
VANILLE-GESCHMACK
200 g MOHN, GEMAHLEN
4 EIGELB (GRÖSSE M)
5 EIWEISS (GRÖSSE M)
200 g APFELSTÜCKCHEN

100 g APRIKOSEN-
KONFITÜRE
30 g ABGEZOGENE,
GEHOBELTE, GEBRÄUNTE
MANDELBLÄTTCHEN
PUDERZUCKER

DIE ZUTATEN:

FÜR DEN RÜHRTEIG:
250 g WEICHE BUTTER
175 g ZUCKER
1 PCK. VANILLIN-ZUCKER
2 EL RUM
5 EIER (GRÖSSE M)
250 g WEIZENMEHL
1 GESTR. TL BACKPULVER
125 g KORINTHEN

FÜR DEN BELAG:
100 g GEHOBELTE
MANDELN
2 EL KANDISFARIN

MOHN-KÄSE-KUCHEN *(FOTO)*

1. Für den Teig das Mehl in eine Rührschüssel sieben. Den gesiebten Puderzucker, Vanillin-Zucker, Salz, Eigelb und Butter hinzufügen.

2. Die Zutaten mit dem Handrührgerät mit Knethaken zunächst kurz auf niedrigster, dann auf höchster Stufe gut durcharbeiten, anschließend auf der Arbeitsfläche zu einem glatten Teig verkneten. Den Teig in Klarsichtfolie verpackt etwa 30 Minuten kalt stellen.

3. Den Teig auf einer bemehlten Arbeitsfläche zu einem Rechteck von 26 x 24 cm ausrollen, auf ein gefettetes Backblech legen, einen eckigen Backrahmen (26 x 24 cm) darum stellen. In dem Backrahmen einen kleinen Teigrand hochdrücken.

4. Für die Füllung den Quark mit Zucker, Zitronensaft, Pudding-Pulver, Mohn und Eigelb gut verrühren. Das Eiweiß steif schlagen und mit den Apfelstückchen unterheben.

5. Die Quarkmasse gleichmäßig in den Backrand füllen, glatt streichen. Das Backblech in den Backofen schieben.

Ober-/Unterhitze: etwa 200 °C (vorgeheizt), **Heißluft:** etwa 180 °C (nicht vorgeheizt), **Gas:** etwa Stufe 4 (vorgeheizt), **Backzeit:** etwa 60 Minuten.

6. Die Aprikosen-Konfitüre durch ein Sieb streichen, unter Rühren aufkochen. Den Kuchen sofort nach dem Backen damit bestreichen, mit gebräunten Mandelblättchen bestreuen und erkalten lassen. Den Kuchen aus dem Backrand lösen.

7. Vor dem Servieren mit Puderzucker bestäuben.

ENGLISCHE TEE-SCHNITTEN

1. Für den Rührteig die Butter mit dem Handrührgerät mit Rührbesen auf höchster Stufe in etwa ½ Minute geschmeidig rühren. Nach und nach Zucker, Vanillin-Zucker und Rum unterrühren, so lange rühren, bis eine gebundene Masse entstanden ist. Die Eier nach und nach unterrühren (jedes Ei etwa ½ Minute).

2. Das Mehl mit dem Backpulver mischen, sieben, portionsweise unterrühren, die Korinthen hinzufügen. Den Teig auf ein gut gefettetes Backblech (30 x 40 cm) streichen.

3. Für den Belag die Mandeln und Kandisfarin auf dem Teig verteilen. Das Backblech in den Backofen schieben.

Ober-/Unterhitze: 180–200 °C (vorgeheizt), **Heißluft:** 160–180 °C (vorgeheizt) **Gas:** Stufe 3–4 (vorgeheizt), **Backzeit:** etwa 25 Minuten.

DIE ZUTATEN:

FÜR DEN HEFETEIG:
375 g WEIZENMEHL
1 PCK. TROCKENHEFE
50 g ZUCKER
1 PCK. VANILLIN-ZUCKER
1 PRISE SALZ
1 EI (GRÖSSE M)
150–200 ml LAUWARME
MILCH
50 g ZERLASSENE,
ABGEKÜHLTE BUTTER
20 g ZERLASSENE BUTTER

FÜR DIE STREUSEL:
300 g WEIZENMEHL
150 g ZUCKER
1 PCK. VANILLIN-ZUCKER
200 g WEICHE BUTTER
10 g KAKAOPULVER

ZUM BETRÄUFELN:
125 ml (⅛ l) MILCH
60 g BUTTER
100 g ZERLASSENE
BUTTER
PUDERZUCKER

Tipp:
Zur geschmacklichen
Veränderung kann der
Teig mit etwa 3-4
Esslöffeln beliebiger
Konfitüre oder Pflau-
menmus bestrichen
werden, bevor die
Streusel aufgestreut
werden.

THÜRINGER STREUSEL-KUCHEN

1. Für den Teig das Mehl in eine Rührschüssel sieben und mit der Hefe sorgfältig vermischen. Den Zucker, Vanillin-Zucker, Salz, Ei, Milch und Butter (50 g) hinzufügen. Die Zutaten mit dem Handrührgerät mit Knethaken zunächst auf niedrigster, dann auf höchster Stufe in etwa 5 Minuten zu einem glatten Teig verarbeiten.

2. Den Teig zugedeckt so lange an einem warmen Ort gehen lassen, bis er sich sichtbar vergrößert hat. Den gegangenen Teig nochmals kurz durchkneten und auf einem gefetteten Backblech (30 x 40 cm) ausrollen. Den Teig mit der Butter (20 g) bestreichen. Vor den Teig einen mehrfach geknickten Streifen Alufolie legen.

3. Für die Streusel das Mehl in eine Rührschüssel sieben. Den Zucker, Vanillin-Zucker und die Butter hinzufügen und mit dem Handrührgerät mit Knethaken zu Streuseln von gewünschter Größe verarbeiten.

4. Die Hälfte der Streusel auf dem Teig verteilen. Unter die restlichen Streusel den Kakao arbeiten und die Lücken damit füllen, so dass ein schwarz-weißes Muster entsteht. Den Teig nochmals an einem warmen Ort gehen lassen, bis er sich sichtbar vergrößert hat und erst dann das Backblech in den Backofen schieben.

Ober-/Unterhitze: 200–220 °C (vorgeheizt), **Heißluft:** 180–200 °C (vorgeheizt)
Gas: Stufe 4–5 (vorgeheizt), **Backzeit:** 15–20 Minuten.

5. Zum Beträufeln die Milch erhitzen, die Butter (60 g) darin auflösen und den noch heißen Kuchen damit beträufeln, erkalten lassen. Den erkalteten Kuchen mit der zerlassenen Butter bestreichen und mit Puderzucker bestäuben.

KOKOSKUCHEN

1. Für den Teig das Mehl in eine Rührschüssel sieben und mit der Hefe sorgfältig vermischen. Die übrigen Zutaten hinzufügen und mit dem Handrührgerät mit Knethaken zunächst auf niedrigster, dann auf höchster Stufe in etwa 5 Minuten zu einem glatten Teig verarbeiten. Den Teig abgedeckt so lange an einem warmen Ort gehen lassen, bis er sich sichtbar vergrößert hat.

2. Für den Belag die Butter (200 g) zerlassen, Zucker und Vanillin-Zucker hinzufügen und unter Rühren aufkochen lassen. Die Kokosraspel hinzufügen, unter Rühren leicht bräunen und erkalten lassen. Die Eier unterrühren.

3. Den gegangenen Teig nochmals kurz durchkneten und auf einem gefetteten Backblech (30 x 40 cm) ausrollen. Den Teig mit der Butter (20 g) bestreichen. Vor den Teig ein mehrfach geknicktes Stück Alufolie legen. Den Belag auf den Teig streichen und das Backblech sofort in den Backofen schieben.

Ober-/Unterhitze: 200–220 °C (vorgeheizt)
Heißluft: 180–200 °C (vorgeheizt)
Gas: Stufe 4–5 (vorgeheizt)
Backzeit: etwa 25 Minuten.

4. Den heißen Kuchen mit der Milch bepinseln, erkalten lassen. Den erkalteten Kuchen mit der Schokolade besprenkeln.

DIE ZUTATEN:

FÜR DEN HEFETEIG:
375 g WEIZENMEHL
1 PCK. TROCKENHEFE
50 g ZUCKER
1 PRISE SALZ
1 PCK. VANILLIN-ZUCKER
1 EI (GRÖSSE M)
GUT 150 ml LAUWARME MILCH
50 g ZERLASSENE BUTTER ODER MARGARINE

FÜR DEN BELAG:
200 g BUTTER
150 g ZUCKER
1 PCK. VANILLIN-ZUCKER
200 g KOKOSRASPEL
3 EIER (GRÖSSE M)
20 g ZERLASSENE BUTTER
150 ml HEISSE MILCH
50 g AUFGELÖSTE ZART-BITTER-SCHOKOLADE

BLECHKUCHEN
MIT OBST

Blechkuchen mit Obst

FEINER BIRNENKUCHEN,
REZEPT SEITE 44

100 g MARZIPAN-
ROHMASSE
250 g WEICHE BUTTER
175 g ZUCKER
1 PCK. VANILLIN-ZUCKER
1 PRISE SALZ
1 PCK. AMARETTO-BITTER-
MANDEL-AROMA
5 EIER (GRÖSSE M)
500 g WEIZENMEHL
1 PCK. BACKPULVER
150 ml MILCH
7–8 REIFE BIRNEN
(1 ¼–1 ½ kg)
SAFT VON 1 ZITRONE
10 g PISTAZIENKERNE
3 EL APRIKOSEN-
KONFITÜRE
1 EL PUDERZUCKER

DIE ZUTATEN:

FÜR DEN BISKUITTEIG:
9 EIGELB (GRÖSSE M)
250 g ZUCKER
1 PCK. VANILLIN-ZUCKER
3 TROPFEN BITTER-
MANDEL-AROMA
1 PRISE ZIMT
1 EL KIRSCHWASSER
250 g NICHT ABGEZOGENE,
GEMAHLENE MANDELN
60 g SEMMELBRÖSEL
9 EIWEISS (GRÖSSE M)
SAUERKIRSCHEN AUS
DEM GLAS
(ABTROPFGEWICHT 740 g)

ZUM BESTÄUBEN:
PUDERZUCKER

FEINER BIRNENKUCHEN

(FOTO SEITE 42/43)

1. Das Marzipan in kleine Stücke schneiden, mit der Butter, Zucker, Vanillin-Zucker, Salz und Amaretto-Bittermandel-Aroma schaumig schlagen. Die Eier nacheinander unterrühren. Das Mehl und Backpulver mischen, sieben und abwechselnd mit der Milch unter den Teig rühren.

2. Den Teig auf ein gefettetes Backblech (30 x 40 cm) streichen. Die Birnen waschen, schälen, halbieren und entkernen. Die Birnenhälften an der Oberseite dicht an dicht etwa 1 cm tief einschneiden, mit Zitronensaft beträufeln und kurz ziehen lassen. Mit der Oberseite nach oben versetzt auf den Teig legen und lcicht eindrücken. Das Backblech in den Backofen schieben.

Ober-/Unterhitze: etwa 200 °C (vorgeheizt), **Heißluft:** etwa 180 °C (nicht vorgeheizt) **Gas:** etwa Stufe 4 (vorgeheizt), **Backzeit:** etwa 30 Minuten.

3. In der Zwischenzeit die Pistazien der Länge nach halbieren und etwa 10 Minuten vor Ende der Backzeit in den Teig drücken. Je eine Hälfte am Stielende der Birne, je zwei Hälften am Blütenende.

4. Die Konfitüre erwärmen und den Kuchen etwa 5 Minuten vor Ende der Backzeit damit bestreichen. Den fertigen Kuchen abkühlen lassen mit Puderzucker bestäuben.

MANDEL-KIRSCH-KUCHEN

(FOTO)

1. Für den Teig das Eigelb mit Zucker, Vanillin-Zucker, Aroma, Zimt und Kirschwasser mit dem Handrührgerät mit Rührbesen schaumig schlagen. Die Mandeln und die Semmelbrösel unterheben. Zuletzt das zu steifem Schnee geschlagene Eiweiß unterziehen.

2. Den Teig in eine gefettete, mit Semmelbröseln ausgestreute Fettfangschale (30 x 40 cm) geben und glatt streichen. Die gut abgetropften Sauerkirschen darauf verteilen.

Ober-/Unterhitze: etwa 180 °C (vorgeheizt)
Heißluft: etwa 160 °C (nicht vorgeheizt)
Gas: etwa Stufe 3 (vorgeheizt)
Backzeit: etwa 45 Minuten.

3. Das Gebäck auskühlen lassen, vom Backblech lösen und mit Puderzucker bestäuben.

DIE ZUTATEN:

FÜR DEN RÜHRTEIG:
250 g WEICHE BUTTER
ODER MARGARINE
100 g ZUCKER
1 PCK. VANILLIN-ZUCKER
1 PRISE SALZ
1 EI (GRÖSSE M)
250 g WEIZENMEHL
2 ½ GESTR. TL BACK-
PULVER

FÜR DEN BELAG:
1,5 kg RHABARBER

FÜR DAS BAISER:
3 EIWEISS (GRÖSSE M)
150 g ZUCKER

RHABARBERKUCHEN MIT BAISER

1. Für den Teig die Butter oder Margarine mit dem Handrührgerät mit Rührbesen auf höchster Stufe geschmeidig rühren. Nach und nach den Zucker, Vanillin-Zucker und Salz unterrühren, bis eine gebundene Masse entstanden ist. Das Ei unterrühren (etwa ½ Minute).

2. Das Mehl mit dem Backpulver mischen, sieben, portionsweise auf mittlerer Stufe unterrühren. Den Teig auf ein gefettetes Backblech (30 x 40 cm) streichen. Vor den Teig einen mehrfach umgeknickten Streifen Alufolie legen.

3. Für den Belag den Rhabarber putzen, waschen, abtropfen lassen, in Stücke schneiden und gleichmäßig auf den Teig legen. Das Backblech in den Backofen schieben.

Ober-/Unterhitze: 180–200 °C (vorgeheizt)
Heißluft: 160–180 °C (vorgeheizt)
Gas: Stufe 3–4 (vorgeheizt)
Backzeit: etwa 25 Minuten.

4. Für das Baiser das Eiweiß steif schlagen, nach und nach den Zucker unterschlagen. Die Baisermasse in einen Spritzbeutel mit großer Lochtülle füllen, auf den Rhabarberkuchen spritzen. Das Backblech in den Backofen schieben.

Ober-/Unterhitze: 200–220 °C (vorgeheizt)
Heißluft: 180–200 °C (vorgeheizt)
Gas: Stufe 4–5 (vorgeheizt)
Backzeit: etwa 8 Minuten.

Nasser Kuchen

1. Für den Teig das Mehl in eine Rührschüssel sieben, mit der Hefe sorgfältig vermischen. Die übrigen Zutaten hinzufügen, mit dem Handrührgerät mit Knethaken zunächst auf niedrigster, dann auf höchster Stufe in etwa 5 Minuten zu einem Teig verarbeiten. Den Teig abgedeckt so lange an einem warmen Ort gehen lassen, bis er sich sichtbar vergrößert hat.

2. Für den Belag aus Pudding-Pulver, Zucker und Milch einen Pudding nach Packungsanleitung kochen, in eine Schüssel geben. Klarsichtfolie auf den Pudding legen, damit sich während des Abkühlens keine Haut bildet.

3. Den gegangenen Teig aus der Schüssel nehmen, auf der leicht mit Mehl bestäubten Arbeitsfläche nochmals kurz durchkneten und auf einem gefetteten Backblech (30 x 40 cm) ausrollen. Vor den Teig einen mehrfach umgeknickten Streifen Alufolie legen.

4. Zwei Drittel des abgekühlten Puddings auf den Teig streichen. Die Johannisbeeren darauf verteilen. Unter den restlichen Pudding Sahne, Quark, Eigelb und Vanillin-Zucker rühren, auf den Johannisbeeren verteilen und glatt streichen. Den Teig nochmals gehen lassen. Das Backblech in den Backofen schieben.

Ober-/Unterhitze: 180–200 °C (vorgeheizt)
Heißluft: 160–180 °C (vorgeheizt)
Gas: Stufe 3–4 (vorgeheizt)
Backzeit: 25–30 Minuten.

5. Den erkalteten Kuchen nach Belieben mit Puderzucker bestäuben.

DIE ZUTATEN:

FÜR DEN HEFETEIG:
300 g WEIZENMEHL
1 PCK. TROCKENHEFE
40 g ZUCKER
1 PCK. VANILLIN-ZUCKER
1 FLÄSCHCHEN BUTTER-VANILLE-AROMA
1 PRISE SALZ
150 ml LAUWARME MILCH
100 g ZERLASSENE, ABGEKÜHLTE BUTTER

FÜR DEN BELAG:
1 PCK. PUDDING-PULVER VANILLE-GESCHMACK
40 g ZUCKER
400 ml MILCH
(STATT 500 ml)
300 g VORBEREITETE JOHANNISBEEREN
300 g SAURE SAHNE
250 g SAHNEQUARK
1 EIGELB (GRÖSSE M)
1 PCK. VANILLIN-ZUCKER

PUDERZUCKER

DIE ZUTATEN:

FÜR DEN KNETTEIG:
350 g WEIZENMEHL
½ GESTR. TL BACKPULVER
50 g ZUCKER
1 PCK. VANILLIN-ZUCKER
1 PCK. ORANGEN-AROMA
1 PRISE SALZ
150 g CRÈME FRAÎCHE
175 g WEICHE BUTTER
ODER MARGARINE

ZUM BESTREICHEN:
1 EIGELB (GRÖSSE M)
5 EL MILCH
ZUCKER
100 g HALBBITTER-
KUVERTÜRE

FÜR BELAG 1:
1 PCK. PUDDING-PULVER
SCHOKOLADE
30 g ZUCKER
400 ml MILCH
(STATT 500 ml)

FÜR BELAG 2:
2 ÄPFEL
2 NEKTARINEN
4 KIWIS
6 APRIKOSEN
3 BANANEN
200 g BROMBEEREN
250 g ERDBEEREN

FÜR DEN GUSS:
2 PCK. TORTENGUSS, KLAR
500 ml (½ l) FLÜSSIGKEIT
(HALB APFELSAFT, HALB
WASSER)

BUNTE OBSTPLATTE

1. Für den Teig das Mehl mit dem Backpulver mischen, in eine Rührschüssel sieben. Die restlichen Zutaten hinzufügen, mit dem Handrührgerät mit Knethaken zunächst auf niedrigster Stufe, dann auf höchster Stufe gut durcharbeiten, anschließend auf der Arbeitsfläche zu einem glatten Teig verkneten. ⅔ des Teiges auf einem gefetteten Backblech (30 x 40 cm) ausrollen, mit der Eigelbmilch bestreichen und mehrfach mit einer Gabel einstechen.

Ober-/Unterhitze: 180–200 °C (vorgeheizt)
Heißluft: 160–180 °C (vorgeheizt)
Gas: Stufe 3–4 (vorgeheizt)
Backzeit: 20–25 Minuten.

2. Die Gebäckplatte auf dem Backblech erkalten lassen. Den restlichen Teig dünn ausrollen, Halbringe ausschneiden, auf ein gefettetes Backblech legen, mit der Eigelbmilch bestreichen, mit Zucker bestreuen.

Ober-/Unterhitze: 180–200 °C (vorgeheizt)
Heißluft: 160–180 °C (vorgeheizt)
Gas: Stufe 3–4 (vorgeheizt)
Backzeit: etwa 10 Minuten.

3. Das Gebäck lösen, erkalten lassen.

4. Zum Bestreichen die Kuvertüre nach Packungsanleitung geschmeidig rühren. Die Gebäckplatte damit bestreichen, fest werden lassen.

5. Für Belag 1 einen Pudding nach Packungsanleitung aus den genannten Zutaten zubereiten, in eine Schüssel geben. Den Pudding mit Klarsichtfolie abdecken, erkalten lassen, durchrühren und auf die Gebäckplatte streichen.

6. Für Belag 2 die Äpfel waschen, entkernen, in Spalten schneiden. Die Nektarinen waschen, entsteinen, in Spalten schneiden. Die Kiwis schälen, in Scheiben schneiden. Die Aprikosen waschen, entsteinen, vierteln. Die Bananen schälen, vierteln. Die Brombeeren waschen und abtropfen lassen. Die Erdbeeren waschen, entstielen und abtropfen lassen. Das Obst auf dem Pudding verteilen, darauf achten, dass die Kiwischeiben nicht direkt auf dem Pudding liegen.

7. Den Guss mit der Flüssigkeit nach Packungsanleitung zubereiten, das Obst damit bestreichen und fest werden lassen. Das Gebäck mit den Halbringen belegen.

Tipp:
Den Pudding aus Pudding-Pulver Vanille-Geschmack zubereiten und die Gebäckplatte mit weißer Kuvertüre bestreichen.

APFEL-GITTERKUCHEN VOM BLECH

FÜR DEN KNETTEIG:

600 g WEIZENMEHL 2040
1 PCK. BACKPULVER
200 g WEICHE BUTTER 1500
100 g ZUCKER 400
1 PRISE SALZ
ABGERIEBENE SCHALE
VON 1 ZITRONE
(UNBEHANDELT)
1 EIWEISS 20
250 ml (¼ l) MILCH 250

FÜR DEN BELAG:

1 ½ kg FEIN-SÄUERLICHE
ÄPFEL (Z.B. BOSKOP)
3 EL ZITRONENSAFT,
ABGERIEBENE SCHALE
VON 1 ZITRONE
(UNBEHANDELT)
70–75 g ZUCKER 280
1 TL GEMAHLENER ZIMT
100 g ROSINEN 280
100 g GEHACKTE HASEL-
NUSSKERNE 623

ZUM BESTREICHEN:
1 EIGELB 72
1 EL MILCH

5465 : 16

= 340

1. Für den Teig das Mehl mit dem Backpulver mischen und in eine Rührschüssel sieben. Die Butter, Zucker, Salz, Zitronenschale, Eiweiß und Milch hinzufügen. Die Zutaten mit dem Handrührgerät mit Knethaken zunächst kurz auf niedrigster, dann auf höchster Stufe gut durcharbeiten.

2. Den Teig in Folie verpackt 60 Minuten kalt stellen. Inzwischen die Äpfel schälen, raspeln und sofort in einer Schüssel mit Zitronensaft und -schale, Zucker, Zimt, Rosinen und Haselnusskernen mischen. ¾ des Teiges ausrollen.

3. Das gefettete Backblech (30 x 40 cm) damit auslegen, einen Rand hochdrücken. Die Apfelmischung darauf verteilen. Den restlichen Teig ausrollen, in Streifen schneiden, den Belag gitterförmig damit belegen. Zum Bestreichen das Eigelb mit der Milch verrühren, die Teigstreifen damit bestreichen.

Ober-/Unterhitze: etwa 200 °C (vorgeheizt)
Heißluft: etwa 180 °C (nicht vorgeheizt)
Gas: etwa Stufe 4 (vorgeheizt)
Backzeit: etwa 30 Minuten.

GROSSMUTTERS APFEL-KUCHEN

1. Für den Teig die Butter mit dem Handrührgerät mit Rührbesen geschmeidig rühren. Nach und nach Zucker, Vanillin-Zucker, Aroma und Gewürze unterrühren. So lange rühren, bis eine gebundene Masse entstanden ist. Die Eier nach und nach unterrühren (jedes Ei etwa ½ Minute).

2. Das Mehl und Backpulver mischen, sieben, esslöffelweise auf mittlerer Stufe unterrühren. Die Äpfel schälen, vierteln, entkernen, achteln, quer in dünne Scheiben schneiden, unter den Teig heben.

3. Den Teig auf ein gefettetes, bemehltes Backblech (30 x 40 cm) geben, glatt streichen und das Backblech in den Backofen schieben.

Ober-/Unterhitze: 180–200 °C (vorgeheizt)
Heißluft: 160–180 °C (nicht vorgeheizt)
Gas: Stufe 3–4 (vorgeheizt)
Backzeit: 30–35 Minuten.

4. Für den Guss den Puderzucker sieben, mit Zitronensaft und Wasser glatt rühren, so dass eine dickflüssige Masse entsteht. Sofort nach dem Backen den Guss mit einem Teelöffel auf dem Gebäck verteilen (besprenkeln).

DIE ZUTATEN:

FÜR DEN RÜHRTEIG:
250 g WEICHE BUTTER
200 g ZUCKER
1 PCK. VANILLIN-ZUCKER
½ FLÄSCHCHEN BUTTER-VANILLE-AROMA
½ TL GEMAHLENER ZIMT
1 PRISE SALZ
5 EIER (GRÖSSE M)
350 g WEIZENMEHL
2 GESTR. TL BACKPULVER
1 ¼ kg ÄPFEL (Z.B. BOSKOP)

FÜR DEN GUSS:
200 g PUDERZUCKER
3 EL ZITRONENSAFT
ETWAS WASSER

FÜR DEN KNETTEIG:

300 g WEIZENMEHL

2 GESTR. TL BACKPULVER

100 g ZUCKER

1 PCK. VANILLIN-ZUCKER

1 PRISE SALZ

ABGERIEBENE SCHALE
VON 1 ZITRONE
(UNBEHANDELT)

2 EIER (GRÖSSE M)

125 g WEICHE BUTTER

FÜR DEN BELAG:

2 PCK. PUDDING-PULVER
VANILLE-GESCHMACK
(FÜR JE ½ l FLÜSSIGKEIT)

100 g ZUCKER

1 l MILCH

1,5 kg BLAUE UND GRÜNE
WEINTRAUBEN

2 PCK. TORTENGUSS,
KLAR

1–2 EL ZUCKER

500 ml (½ l) HELLER
TRAUBENSAFT

30 g MANDELBLÄTTCHEN

TRAUBEN-PUDDINGKUCHEN

1. Für den Teig das Mehl und Backpulver mischen, in eine Rührschüssel sieben. Die restlichen Zutaten zugeben und mit dem Handrührgerät mit Knethaken zu einem Teig verarbeiten. Den Teig auf einer Arbeitsfläche durchkneten, zur Rolle formen und in Folie gewickelt ½–1 Stunde kühl stellen.

2. Ein Backblech (30 x 40 cm) fetten. Den Teig gleichmäßig auf dem Backblech ausrollen und den Rand etwas hochdrücken. Den Boden mehrmals mit einer Gabel einstechen. Das Backblech in den Backofen schieben.

Ober-/Unterhitze: etwa 200 °C (vorgeheizt)
Heißluft: etwa 180 °C (vorgeheizt)
Gas: etwa Stufe 4 (vorgeheizt)
Backzeit: 15–20 Minuten.

3. Den Teigboden abkühlen lassen.

4. Für den Belag Pudding-Pulver, Zucker und etwa 125 ml (⅛ l) Milch glatt rühren. Die restliche Milch zum Kochen bringen, das Pudding-Pulver einrühren und nochmals kurz aufkochen. Den Pudding 10–15 Minuten abkühlen lassen. Den Pudding auf dem Kuchen verstreichen.

5. Die Weintrauben waschen, von den Stielen zupfen und gut abtropfen lassen. Die Weintrauben halbieren, entkernen und auf dem Pudding verteilen.

6. Den Tortenguss und den Zucker in einem Topf mischen, mit Traubensaft nach und nach anrühren und unter Rühren zum Kochen bringen. Den Guss gleichmäßig über die Weintrauben gießen und etwa 1 Stunde fest werden lassen. Die Mandelblättchen in einer Pfanne ohne Fett goldbraun rösten und kurz vor dem Servieren über den Kuchen streuen.

Tipp:
Statt Pudding-Pulver Vanille-Geschmack
kann auch Pudding-Pulver Sahne-Geschmack
oder Pudding-Pulver Mandel-Geschmack
verwendet werden.

FÜR DEN HEFETEIG:
KNAPP 200 ml LAUWARME
MILCH
1 PCK. FRISCHE HEFE
(42 g)
1 TL ZUCKER
375 g WEIZENMEHL
75 g ZUCKER
1 PCK. VANILLIN-ZUCKER
1 PRISE SALZ
1 EI
50 g ZERLASSENE,
ABGEKÜHLTE BUTTER

FÜR BELAG UND GUSS:
1 kg HEIDELBEEREN ODER
TK (AUFGETAUT)
125 ml (⅛ l) MILCH
125 ml (⅛ l) SCHLAG-
SAHNE
4 EIER (GRÖSSE M)
100 g ZUCKER
1 PCK. VANILLIN-ZUCKER
ABGERIEBENE SCHALE
VON 1 ZITRONE (UNBE-
HANDELT)

FÜR DIE STREUSEL:
200 g WEIZENMEHL
100 g ZUCKER
125 g WEICHE BUTTER
2 TL GEMAHLENER ZIMT

HEIDELBEERKUCHEN

1. Für den Teig die Milch mit der zerbröckelten Hefe und dem Zucker verrühren, etwa 10 Minuten gehen lassen. Das Mehl in eine Rührschüssel sieben, in die Mitte eine Vertiefung eindrücken, die restlichen Teigzutaten an den Rand geben.

2. Die gegangene Hefe in die Mitte geben, alle Zutaten mit dem Handrührgerät mit Knethaken in 3–5 Minuten zu einem glatten Teig verarbeiten. Den Teig an einem warmen Ort so lange abgedeckt gehen lassen, bis er sich sichtbar vergrößert hat.

3. Den Teig nochmals durchkneten, ausrollen und eine gefettete Fettfangschale (30 x 40 cm) damit auslegen und den Rand etwas hochziehen. Die Heidelbeeren waschen, verlesen oder abtropfen lassen und auf dem Teig verteilen.

4. Für den Guss die Milch und die Sahne mit den Eiern, Zucker, Vanillin-Zucker und der Zitronenschale verrühren.

5. Für die Streusel aus Mehl, Zucker, Butter und Zimt Streusel in gewünschter Größe kneten.

6. Den Guss über die Heidelbeeren gießen, die Streusel darüber verteilen. Das Backblech in den Backofen schieben.

Ober-/Unterhitze: etwa 200 °C (vorgeheizt)
Heißluft: etwa 180 °C (nicht vorgeheizt)
Gas: etwa Stufe 4 (vorgeheizt)
Backzeit: etwa 35 Minuten.

APFEL-BUTTERKUCHEN

DIE ZUTATEN:

FÜR DEN HEFETEIG:
KNAPP 200 ml LAUWARME MILCH
1 PCK. FRISCHE HEFE (42 g)
1 TL ZUCKER
375 g WEIZENMEHL
50–75 g ZUCKER
1 PCK. VANILLIN-ZUCKER
1 PRISE SALZ
50 g ZERLASSENE, ABGEKÜHLT BUTTER
1 EI (GRÖSSE M)

FÜR DEN BELAG:
1,5 kg ÄPFEL
100 ml ZITRONENSAFT
100 ml WASSER
50 g ZUCKER
1 PCK. VANILLIN-ZUCKER
150 g BUTTER
100 g ZUCKER
1–2 TL GEMAHLENER ZIMT
50 g ABGEZOGENE, GEMAHLENE MANDELN

1. Für den Teig die Milch mit der zerbröckelten Hefe und dem Zucker verrühren, etwa 10 Minuten gehen lassen. Das Mehl in eine Rührschüssel sieben, in die Mitte eine Vertiefung eindrücken, die restlichen Teigzutaten an den Rand geben.

2. Die gegangene Hefe in die Mitte geben, alle Zutaten mit dem Handrührgerät mit Knethaken in 3–5 Minuten zu einem glatten Teig verarbeiten. Den Teig an einem warmen Ort so lange abgedeckt gehen lassen, bis er sich sichtbar vergrößert hat.

3. Für den Belag die Äpfel waschen, schälen, Kerngehäuse herausschneiden und die Äpfel in Stücke schneiden. Äpfel, Zitronensaft, Wasser, Zucker und Vanillin-Zucker in einem Topf zum Kochen bringen. Bei schwacher Hitze etwa 5 Minuten köcheln lassen.

4. Den Hefeteig auf einem gefetteten Backblech (30 x 40 cm) ausrollen. Das Apfelkompott abtropfen lassen, auf dem Teig verteilen, Mulden in den Tcig drücken, in die Mulden die Butter in Flöckchen verteilen. Alles mit dem Zucker-Zimt-Gemisch und Mandelblättchen bestreuen.

5. Das Backblech in den Backofen schieben.

Ober-/Unterhitze: etwa 200 °C (vorgeheizt)
Heißluft: etwa 180 °C (nicht vorgeheizt)
Gas: etwa Stufe 4 (vorgeheizt)
Backzeit: etwa 30 Minuten.

FÜR DEN RÜHRTEIG:
200 g WEICHE BUTTER
175 g ZUCKER
1 PCK. VANILLIN-ZUCKER
1 PRISE SALZ
ABGERIEBENE SCHALE
VON ½ ZITRONE
(UNBEHANDELT)
3 EIER (GRÖSSE M)
250 g WEIZENMEHL
½ PCK. BACKPULVER

FÜR DEN BELAG:
1 KLEINE ODER GROSSE
DOSE APRIKOSEN
(240–480 g)
1 kg RHABARBER

FÜR DIE STREUSEL:
200 g WEIZENMEHL
100 g ZUCKER
1 PCK. VANILLIN-ZUCKER
30–40 g ABGEZOGENE,
GEMAHLENE MANDELN
½–1 TL GEMAHLENER
ZIMT
150 g WEICHE BUTTER
PUDERZUCKER

RHABARBER-APRIKOSEN-KUCHEN

1. Für den Teig die Butter mit dem Handrührgerät mit Rührbesen geschmeidig rühren, nach und nach den Zucker, Vanillin-Zucker, Salz und Zitronenschale unterrühren. Die Eier nach und nach unterrühren (jedes Ei etwa ½ Minute). Das Mehl und Backpulver mischen, sieben und portionsweise unterrühren.

2. Für den Belag die Aprikosen auf ein Sieb zum Abtropfen geben. Den Rhabarber putzen, waschen, dicke Stangen halbieren und in 3 cm lange Stücke schneiden.

3. Für die Streusel das Mehl in eine Rührschüssel sieben, die restlichen Zutaten zugeben und mit dem Handrührgerät mit Knethaken zu Streuseln von gewünschter Größe verarbeiten.

4. Den Teig auf ein gefettetes Backblech (30 x 40 cm) streichen, das Obst darauf verteilen und die Streusel darüber geben. Das Backblech in den Backofen schieben.

Ober-/Unterhitze: etwa 180 °C (vorgeheizt)
Heißluft: etwa 160 °C (nicht vorgeheizt)
Gas: etwa Stufe 3 (vorgeheizt)
Backzeit: etwa 55 Minuten.

5. Den erkalteten Kuchen mit Puderzucker bestäuben.

Tipp:
Rhabarber lässt sich mehrere Tage im Gemüsefach des Kühlschrankes aufbewahren, wenn man ihn in feuchte Tücher oder eine Plastiktüte einwickelt.

DIE ZUTATEN:

FÜR DEN PUDDING:
1 l MILCH
100 g MARZIPAN-
ROHMASSE
2 PCK. PUDDING-PULVER
MANDEL-GESCHMACK
40 g ZUCKER
75 g ABGEZOGENE,
GEHACKTE MANDELN

FÜR DEN HEFETEIG:
300 g WEIZENMEHL
1 PCK. TROCKENHEFE
40 g ZUCKER
1 PCK. VANILLIN-ZUCKER
1 PRISE SALZ
5–6 TROPFEN ZITRONEN-
AROMA
125–150 ml LAUWARME
MILCH
75 g ZERLASSENE,
ABGEKÜHLTE BUTTER

FÜR DEN BELAG:
600 g REIFE APRIKOSEN
75 g ABGEZOGENE
MANDELN
1 PCK. TORTENGUSS,
KLAR
250 ml (¼ l) APFELSAFT
1 GESTR. EL ZUCKER
25 g GEHACKTE PISTAZIEN

APRIKOSEN-MANDEL-SCHNITTEN

1. Für den Pudding von der Milch 125 ml (⅛ l) abnehmen. Die restliche Milch mit der zerbröckelten Marzipan-Rohmasse zum Kochen bringen. Das Pudding-Pulver mit Zucker und der abgenommenen Milch anrühren und in die von der Kochstelle genommene Milch einrühren, kurz aufkochen lassen. Die Mandeln unterrühren, den Pudding in eine Rührschüssel geben und mit Klarsichtfolie abgedeckt erkalten lassen.

2. Für den Teig das Mehl in eine Rührschüssel sieben und mit der Hefe sorgfältig vermischen. Die übrigen Zutaten hinzufügen und mit dem Handrührgerät mit Knethaken zunächst auf niedrigster, dann auf höchster Stufe in etwa 5 Minuten zu einem glatten Teig verarbeiten. Den Teig abgedeckt an einem warmen Ort so lange gehen lassen, bis er sich sichtbar vergrößert hat.

3. Den gegangenen Teig nochmals gut durchkneten, auf einem gefetteten Backblech (30 x 40 cm) ausrollen und mehrmals mit einer Gabel einstechen. Den Pudding kurz durchrühren und auf den Teig streichen.

4. Für den Belag die Aprikosen waschen, gut abtropfen lassen, trockenreiben, halbieren und entsteinen. Die Aprikosenhälften mit der Wölbung nach unten in Diagonalstreifen (Abstand jeweils 4 cm) darauf legen. In jede Aprikosenhälfte eine Mandel legen. Das Backblech in den Backofen schieben.

Ober-/Unterhitze: 180–200 °C (vorgeheizt), **Heißluft:** 160–180 °C (nicht vorgeheizt) **Gas:** Stufe 3–4 (vorgeheizt), **Backzeit:** etwa 30 Minuten.

5. Sofort nach dem Backen den Kuchen mit dem Tortenguss bestreichen. Dafür aus dem Tortengusspulver, dem Saft und Zucker nach der Packungsanleitung einen Guss zubereiten. Das Gebäck mit den Pistazien garnieren.

JOHANNISBEER-QUARK-KUCHEN MIT BAISER

1. Für den Teig das Mehl mit dem Backpulver mischen, in eine Rührschüssel sieben und Speisequark, Milch, Speiseöl, Zucker, Vanillin-Zucker und Salz hinzufügen. Die Zutaten mit dem Handrührgerät mit Knethaken auf höchster Stufe etwa 1 Minute verarbeiten, anschließend auf der Arbeitsfläche kurz verkneten. Den Teig auf einem gefetteten Backblech (30 x 40 cm) ausrollen. Vor den Teig einen mehrfach umgeknickten Streifen Alufolie legen.

2. Für den Belag die Johannisbeeren waschen, gut abtropfen lassen und entstielen. Die übrigen Zutaten zu einer Quarkcreme verrühren. Die Johannisbeeren unterheben, die Masse auf dem Teig verteilen und glatt streichen. Das Backblech in den Backofen schieben.

Ober-/Unterhitze: etwa 180 °C (vorgeheizt)
Heißluft: etwa 160 °C (nicht vorgeheizt)
Gas: etwa Stufe 3 (vorgeheizt)
Backzeit: etwa 30 Minuten.

3. Für die Baisermasse das Eiweiß steif schlagen. Nach und nach den Zucker unterschlagen. Den Eischnee auf die Quarkmasse streichen und mit den Mandeln bestreuen. Das Backblech in den Backofen schieben.

Ober-/Unterhitze: 200–220 °C (vorgeheizt)
Heißluft: 180–200 °C (nicht vorgeheizt)
Gas: Stufe 4–5 (vorgeheizt)
Backzeit: etwa 5 Minuten.

DIE ZUTATEN:

FÜR DEN QUARK-ÖL-TEIG:
300 g WEIZENMEHL
1 PCK. BACKPULVER
150 g SPEISEQUARK
100 ml MILCH
100 ml SPEISEÖL
75 g ZUCKER
1 PCK. VANILLIN-ZUCKER
1 PRISE SALZ

FÜR DEN BELAG:
750 g JOHANNISBEEREN
750 g SPEISEQUARK
200 g ZUCKER
1 PCK. VANILLIN-ZUCKER
3 EIER (GRÖSSE M)
2 EIGELB (GRÖSSE M)
50 g ZERLASSENE BUTTER
50 g SPEISESTÄRKE

FÜR DIE BAISERMASSE:
2 EIWEISS (GRÖSSE M)
100 g ZUCKER
20 g ABGEZOGENE, GEHOBELTE MANDELN

DIE ZUTATEN:

FÜR DEN RÜHRTEIG:

125 g WEICHE BUTTER
ODER MARGARINE

100 g ZUCKER

½ PCK. BOURBON-
VANILLEZUCKER

1 PRISE SALZ

3 EIER (GRÖSSE M)

125 g WEIZENMEHL

2 GESTR. TL BACKPULVER

75 g ABGEZOGENE,
GEHOBELTE MANDELN

FÜR DEN BELAG:

700 g ÄPFEL
(Z.B. ELSTAR)

150 g ROTE JOHANNIS-
BEEREN

150 g FRISCHE ODER
TK-BROMBEEREN

FÜR DEN GUSS:

200 g MARZIPAN-
ROHMASSE

2 BECHER (JE 150 g)
CRÈME FRAÎCHE

½ PCK. BOURBON
VANILLE-ZUCKER

2 EIER (GRÖSSE M)

2 TL SPEISESTÄRKE

25 g ABGEZOGENE,
GEHOBELTE MANDELN

PUDERZUCKER

APFEL-BEEREN-KUCHEN

1. Für den Teig die Butter oder Margarine mit dem Handrührgerät mit Rührbesen auf höchster Stufe geschmeidig rühren. Zucker, Vanillezucker und Salz nach und nach unterrühren, bis eine gebundene Masse entstanden ist. Die Eier nach und nach unterrühren (jedes Ei etwa ½ Minute).

2. Das Mehl mit Backpulver mischen, sieben und portionsweise unterrühren. Die Mandeln etwas zerdrücken und unterrühren. Den Teig auf ein gefettetes Backblech (30 x 40 cm) streichen.

3. Für den Belag die Äpfel waschen, schälen, vierteln, entkernen, in Spalten schneiden und auf dem Teig verteilen. Das Backblech in den Backofen schieben.

Ober-/Unterhitze: 180–200 °C (vorgeheizt)
Heißluft: 160–180 °C (vorgeheizt)
Gas: Stufe 3–4 (vorgeheizt)
Backzeit: etwa 20 Minuten.

4. Die Johannisbeeren und Brombeeren waschen, verlesen und abtropfen lassen. TK-Brombeeren auftauen und abtropfen lassen. Die Johannisbeeren von den Rispen streifen und mit den Brombeeren auf dem Kuchen verteilen.

5. Für den Guss die Marzipan-Rohmasse zerkleinern, nach und nach die Crème fraîche mit dem Handrührgerät mit Rührbesen unterrühren und in etwa 2 Minuten glatt rühren. Vanille-Zucker, Eier und Speisestärke unterrühren.

6. Den Guss über dem Obst verteilen und mit den Mandeln bestreuen. Das Backblech in den Backofen schieben.

Ober-/Unterhitze: 180–200 °C (vorgeheizt)
Heißluft: 160–180 °C (vorgeheizt)
Gas: Stufe 3–4 (vorgeheizt)
Backzeit: etwa 20–30 Minuten.

7. Den erkalteten Kuchen nach Belieben mit Puderzucker bestäuben.

Tipp:
Eine Eierlikörsahne dazureichen. Dazu 250 ml (¼ L) Schlagsahne mit 1 Päckchen Sahnesteif und 2 Teelöffeln Zucker steif schlagen und 4-6 Esslöffel Eierlikör unterrühren.

DIE ZUTATEN:

FÜR DEN QUARK-ÖL-TEIG:
300 g WEIZENMEHL
1 PCK. BACKPULVER
150 g MAGERQUARK
100 ml MILCH
100 ml SPEISEÖL
75 g ZUCKER
1 PCK. VANILLIN-ZUCKER
1 PRISE SALZ

FÜR DEN BELAG:
1 kg STACHELBEEREN
ODER 2–3 GLAS STACHEL-
BEEREN (JE ETWA 360 g
ABTROPFGEWICHT)
400 g MARZIPAN-ROH-
MASSE
4 EIGELB
100 g PUDERZUCKER
4 EL APRIKOSEN-
KONFITÜRE
2 EL WASSER

STACHELBEERKUCHEN MIT MARZIPANGITTER

1. Für den Teig das Mehl mit dem Backpulver mischen, in eine Rührschüssel sieben und die restlichen Zutaten für den Teig hinzufügen. Mit dem Handrührgerät mit Knethaken in etwa 1 Minute zu einem Teig verarbeiten. Den Teig ausrollen und auf ein gefettetes Backblech (30 x 40 cm) legen.

2. Für den Belag die Stachelbeeren putzen, waschen und auf einem Sieb abtropfen lassen. Den Teig gleichmäßig mit den Stachelbeeren belegen und das Backblech in den Backofen schieben.

Ober-/Unterhitze: etwa 200 °C (vorgeheizt), **Heißluft:** etwa 180 °C (vorgeheizt)
Gas: etwa Stufe 4 (vorgeheizt), **Backzeit:** 25–30 Minuten.

3. In der Zwischenzeit die Marzipan-Rohmasse mit dem Eigelb und dem Puderzucker verkneten und auf einer dick mit Puderzucker bestäubten Arbeitsfläche ausrollen. Mit einem Teigrad schmale Streifen rollen und etwas antrocknen lassen.

4. Den Kuchen mit einem Marzipangitter belegen und den Kuchen noch einmal in den Backofen schieben und überbacken.

Ober-/Unterhitze: etwa 220 °C (vorgeheizt), **Heißluft:** etwa 200 °C (vorgeheizt)
Gas: etwa Stufe 5 (vorgeheizt), **Backzeit:** etwa 5 Minuten.

5. Die Konfitüre mit Wasser verrühren, erhitzen, den etwas abgekühlten Kuchen damit bestreichen.

BIRNENKUCHEN MIT KROKANT

1. Für den Teig die Milch mit der zerbröckelten Hefe und dem Zucker verrühren, etwa 10 Minuten gehen lassen. Das Mehl in eine Rührschüssel sieben, in die Mitte eine Vertiefung eindrücken, die restlichen Teigzutaten an den Rand geben.

2. Die gegangene Hefe in die Mitte geben, alle Zutaten mit dem Handrührgerät mit Knethaken in 3–5 Minuten zu einem glatten Teig verarbeiten. Den Teig an einem warmen Ort so lange abgedeckt gehen lassen, bis er sich sichtbar vergrößert hat.

3. Für den Belag die Birnen schälen, halbieren, entkernen und in Spalten schneiden. Den Teig nochmals durchkneten und auf einem gefetteten Backblech (30 x 40 cm) ausrollen. Die Birnenstücke auf dem Teig verteilen. Das Backblech in den Backofen schieben.

Ober-/Unterhitze: etwa 200 °C (vorgeheizt)
Heißluft: etwa 180 °C (nicht vorgeheizt)
Gas: etwa Stufe 4 (vorgeheizt)
Backzeit: etwa 30 Minuten.

4. Die Butter in einem Topf erhitzen und den Zucker unter Rühren darin bräunen. Die Mandeln zufügen und unter Rühren erhitzen, bis der Krokant genügend gebräunt ist. Den Rum zufügen (vorsichtig, kann spritzen) und den Krokant auf dem warmen Kuchen mit zwei Gabeln verteilen.

DIE ZUTATEN:

FÜR DEN HEFETEIG:
KNAPP 200 ml LAUWARME MILCH
1 WÜRFEL FRISCHE HEFE (42 g)
1 TL ZUCKER
375 g WEIZENMEHL
50 g ZUCKER
50 g ZERLASSENE, ABGEKÜHLTE BUTTER
1 PRISE SALZ
ABGERIEBENE SCHALE VON 1 ZITRONE (UNBEHANDELT)

FÜR DEN BELAG:
1,5 kg REIFE BIRNEN
50 BUTTER
125 g ZUCKER
100 g GEHACKTE MANDELN
4 EL RUM

FÜR DEN RÜHRTEIG:

150 g WEICHE BUTTER
ODER MARGARINE

100 g ZUCKER

1 PCK. VANILLIN-ZUCKER

1 PRISE SALZ

2 EIER (GRÖSSE M)

200 g WEIZENMEHL

1 GESTR. TL BACKPULVER

FÜR DEN BELAG:

500 ml (½ l) MILCH

1 PCK. PUDDING-PULVER
VANILLE-GESCHMACK

40 g ZUCKER

2 kg VORBEREITETE
FRÜCHTE (Z.B. ROTE UND
SCHWARZE JOHANNIS-
BEEREN, BROMBEEREN,
HIMBEEREN, ERDBEEREN
UND HEIDELBEEREN,
APRIKOSEN, NEKTARINEN,
ROTE PFLAUMEN,
MELONENKUGELN)

FÜR DEN GUSS:

2 PCK. TORTENGUSS,
KLAR

500 ml (½ l) APFELSAFT
ODER WEISSWEIN UND
WASSER

3–4 GESTR. EL ZUCKER

BUNTE OBSTVARIATIONEN

1. Für den Teig die Butter oder Margarine mit dem Handrührgerät mit Rührbesen auf höchster Stufe geschmeidig rühren. Den Zucker, Vanillin-Zucker und Salz nach und nach unterrühren, bis eine gebundene Masse entstanden ist. Die Eier nach und nach unterrühren (jedes Ei etwa ½ Minute).

2. Das Mehl mit dem Backpulver mischen, sieben und portionsweise auf mittlerer Stufe unterrühren. Den Teig auf ein gefettetes Backblech (30 x 40 cm) streichen. Vor den Teig einen mehrfach gefalteten Streifen Alufolie legen. Das Backblech in den Backofen schieben.

Ober-/Unterhitze: 180–200 °C (vorgeheizt)
Heißluft: 160–180 °C (vorgeheizt)
Gas: Stufe 3–4 (vorgeheizt)
Backzeit: 12–15 Minuten.

3. Sofort nach dem Backen das Gebäck vom Boden und vom Rand des Backbleches lösen, erkalten lassen.

4. Für den Belag aus Milch, Pudding-Pulver und Zucker nach der Packungsanleitung einen Pudding zubereiten, erkalten lassen, dabei ab und zu umrühren. Den kalten Pudding auf die Gebäckplatte streichen. Die vorbereiteten Früchte (große Früchte halbieren oder in Spalten schneiden) auf dem Pudding verteilen.

5. Für den Guss aus dem Tortengusspulver, Apfelsaft (oder Weißwein und Wasser) und Zucker nach der Packungsanleitung einen Guss zubereiten und über die Früchte geben.

Beigabe: Mit Bourbon-Vanillezucker gesüßte Schlagsahne.

Tipp:
Wer mag, kann auch einen Schoko-Rührteig herstellen. Dazu zu dem Mehl und Backpulver 2 Esslöffel Kakaopulver geben. Das gesiebte Gemisch in die aufgeschlagene Butter-Ei-Masse geben und 3–4 Esslöffel Milch unterrühren.

FÜR DEN HEFETEIG:
375 g WEIZENMEHL
1 PCK. TROCKENHEFE
50 g ZUCKER
1 PCK. VANILLIN-ZUCKER
5 TROPFEN ZITRONEN-
AROMA
1 PRISE SALZ
200 ml LAUWARME MILCH
75 g ZERLASSENE,
ABGEKÜHLTE BUTTER

FÜR DEN BELAG:
ETWA 2 kg PFLAUMEN

FÜR DIE STREUSEL:
250 g WEICHE BUTTER
200 g ZUCKER
1 PCK. VANILLIN-ZUCKER
½–1 TL GEMAHLENER
ZIMT
375 g WEIZENMEHL
1 MSP. BACKPULVER

PFLAUMEN-STREUSEL-KUCHEN

1. Für den Teig das Mehl in eine Rührschüssel sieben, mit der Hefe sorgfältig vermischen. Die übrigen Zutaten hinzufügen, mit dem Handrührgerät mit Knethaken zunächst auf niedrigster, dann auf höchster Stufe in etwa 5 Minuten zu einem Teig verarbeiten. Den Teig abgedeckt so lange an einem warmen Ort gehen lassen, bis er sich sichtbar vergrößert hat.

2. Für den Belag die Pflaumen waschen, abtropfen lassen, trockentupfen, halbieren, entsteinen, oben einschneiden.

3. Für die Streusel die Butter mit dem Handrührgerät mit Rührbesen geschmeidig rühren. Den Zucker, Vanillin-Zucker und Zimt nach und nach unterrühren. So lange rühren, bis eine gebundene Masse entstanden ist.

4. Das Mehl und das Backpulver mischen, sieben. Einen Teil davon mit dem Handrührgerät mit Rührbesen unterrühren. Den Rest mit Knethaken so unterarbeiten, dass Streusel von gewünschter Größe entstehen. Den gegangenen Hefeteig aus der Schüssel nehmen, auf der leicht mit Mehl bestäubten Arbeitsfläche nochmals kurz durchkneten, auf einem gefetteten Backblech (30 x 40 cm) ausrollen.

5. Vor den Teig einen mehrfach geknickten Streifen Alufolie legen. Die Pflaumen, mit der Innenseite nach oben, schuppenförmig auf den Teig legen, mit den Streuseln bestreuen, nochmals gehen lassen, backen.

Ober-/Unterhitze: 200–220 °C (vorgeheizt)
Heißluft: 180–200 °C (nicht vorgeheizt)
Gas: Stufe 4–5 (vorgeheizt)
Backzeit: etwa 30 Minuten.

APRIKOSEN-BUTTERKUCHEN

1. Für den Teig die Milch mit der zerbröckelten Hefe und dem Zucker verrühren, etwa 10 Minuten gehen lassen. Das Mehl in eine Rührschüssel sieben, in die Mitte eine Vertiefung eindrücken, die restlichen Teigzutaten an den Rand geben.

2. Die gegangene Hefe in die Mitte geben, alle Zutaten mit dem Handrührgerät mit Knethaken in 3–5 Minuten zu einem glatten Teig verarbeiten. Den Teig an einem warmen Ort so lange abgedeckt gehen lassen, bis er sich sichtbar vergrößert hat.

3. Für den Belag die Aprikosenhälften gut abtropfen lassen und halbieren. Den Teig nochmals auf einer bemehlten Arbeitsfläche durchkneten und auf einem gefetteten Backblech ausrollen.

4. Die Aprikosen etwas eindrücken. Nochmals etwa 15 Minuten gehen lassen. Mit einem Holzlöffelstiel zwischen den Aprikosen kleine Vertiefungen in den Teig drücken. Die Butter in Würfel schneiden. Die Butterwürfel hineinstecken.

5. Den Kuchen mit Mandelblättchen oder Mandelstiften und Zucker bestreuen. Das Backblech in den Backofen schieben.

Ober-/Unterhitze: etwa 200 °C (vorgeheizt)
Heißluft: etwa 180 °C (vorgeheizt)
Gas: etwa Stufe 4 (vorgeheizt)
Backzeit: 20–25 Minuten.

DIE ZUTATEN:

FÜR DEN HEFETEIG:
KNAPP 200 ml LAUWARME MILCH
1 WÜRFEL FRISCHE HEFE (42 g)
1 TL ZUCKER
375 g WEIZENMEHL
50 g ZUCKER
1 PCK. VANILLIN-ZUCKER
1 EI (GRÖSSE M)
1 PRISE SALZ
50 g ZERLASSENE, ABGEKÜHLTE BUTTER
ABGERIEBENE SCHALE VON 1 ZITRONE (UNBEHANDELT)

FÜR DEN BELAG:
1 DOSE APRIKOSEN (480 g ABTROPFGEWICHT)
125 g KALTE BUTTER
100 g ABGEZOGENE, GEHOBELTE MANDELN ODER MANDELSTIFTE
100 g ZUCKER

**1 PACKUNG (300 g)
TK-BLÄTTERTEIG
250 ml (¼ l) MILCH
3 EL ZUCKER
1 PCK. SOSSENPULVER
VANILLE GESCHMACK
2 EIER (GRÖSSE M)
1 EL KIRSCHWASSER
3 ROTBACKIGE ÄPFEL
(ETWA 500 g)
125 ml (⅛ l) WASSER
SAFT VON ½ ZITRONE
2–3 EL APFELGELEE
1 TL PUDERZUCKER ZUM
BESTÄUBEN**

BLÄTTERTEIG-APFEL-TARTE

1. Die Blätterteigplatten auseinander legen und abgedeckt auftauen lassen. Die Milch mit in einem Topf mit 2 Esslöffeln Zucker und Soßenpulver mischen. Ein Ei trennen. Das Eigelb und restliches Ei unterrühren und unter Rühren erhitzen, bis die Creme dicklich ist. Das Eiweiß steif schlagen und unterheben. Das Kirschwasser zufügen. Die Creme mit Folie bedecken und kühl stellen.

2. Die Blätterteigplatten evtl. leicht anfeuchten, übereinander legen und auf einer bemehlten Arbeitsfläche zu einem Rechteck (28 x 30 cm) ausrollen. 2 Streifen (3,5 cm x 30 cm) abschneiden und mit einem Messer mehrmals schräg einschneiden. Die große Teigplatte an den Rändern mit Wasser bestreichen, die Streifen darauf legen und andrücken.

3. Den Teigboden mit einer Gabel mehrmals einstechen und auf ein mit Backpapier ausgelegtes Backblech legen. Das Backblech in den Backofen schieben.

Ober-/Unterhitze: etwa 200 °C (vorgeheizt)
Heißluft: etwa 180 °C (vorgeheizt)
Gas: etwa Stufe 4 (vorgeheizt)
Backzeit: 20–25 Minuten.

4. Nach 15–20 Minuten eventuell abdecken.

5. Die Blätterteigplatte abkühlen lassen. Die Äpfel waschen, vierteln und Kerngehäuse herausschneiden. Die Apfelviertel in dünne Spalten schneiden. Wasser, Zitronensaft und restlichen Zucker in einer Pfanne aufkochen. Die Apfelspalten zufügen und 2–3 Minuten dünsten. Herausnehmen und abtropfen lassen.

6. Die Vanillecreme auf der Blätterteigplatte verstreichen und schuppenförmig mit den Apfelspalten belegen. Das Apfelgelee in einem Topf erwärmen und die Apfelspalten damit bestreichen. Bis zum Servieren kühl stellen. Mit Puderzucker bestäuben.

Tipp:
Nach Belieben die Äpfel schälen.

DIE ZUTATEN:

FÜR DEN HEFETEIG:
KNAPP 200 ml LAUWARME
MILCH
1 WÜRFEL FRISCHE HEFE
(42 g)
1 TL ZUCKER
375 g WEIZENMEHL
50 g ZUCKER
1 PCK. VANILLIN-ZUCKER
1 EI (GRÖSSE M)
1 PRISE SALZ
50 g ZERLASSENE,
ABGEKÜHLTE BUTTER

FÜR DEN BELAG:
1,5 kg SAUERKIRSCHEN
ODER 3 GLÄSER SAUER-
KIRSCHEN (JE 360 g
ABTROPFGEWICHT)
4 EL SEMMELBRÖSEL

FÜR DEN GUSS:
300 g SCHMAND
125 ml (⅛ l) SCHLAG-
SAHNE
1 PCK. SOSSENPULVER
VANILLE-GESCHMACK
4 EIER (GRÖSSE M)
150 g ZUCKER
1 PCK. VANILLIN-ZUCKER
1 GESTR. TL GEMAHLENER
ZIMT

KIRSCHKUCHEN MIT RAHMGUSS

1. Für den Teig die Milch mit der zerbröckelten Hefe und dem Zucker verrühren, etwa 10 Minuten gehen lassen. Das Mehl in eine Rührschüssel sieben, in die Mitte eine Vertiefung eindrücken, die restlichen Teigzutaten an den Rand geben.

2. Die gegangene Hefe in die Mitte geben, alle Zutaten mit dem Handrührgerät mit Knethaken in 3–5 Minuten zu einem glatten Teig verarbeiten. Den Teig an einem warmen Ort so lange abgedeckt gehen lassen, bis er sich sichtbar vergrößert hat.

3. Die Kirschen waschen, entsteinen oder auf ein Sieb zum Abtropfen geben. Den Teig nochmals durchkneten, ausrollen und auf ein gefettetes Backblech (30 x 40 cm) legen, mit Semmelbröseln bestreuen. Die Kirschen auf dem Teig verteilen.

4. Alle Zutaten für den Guss verrühren und über die Kirschen gießen. Das Backblech in den Backofen schieben.

Ober-/Unterhitze: 180–200 °C (vorgeheizt)
Heißluft: 160–180 °C (nicht vorgeheizt)
Gas: Stufe 3–4 (vorgeheizt)
Backzeit: etwa 30 Minuten.

STACHELBEER-BLECH-KUCHEN

1. Die Stachelbeeren putzen, waschen und abtropfen lassen oder die Stachelbeeren aus dem Glas abtropfen lassen.

2. Für den Teig die Butter oder Margarine, Zucker, Vanillin-Zucker und Zitronenschale schaumig rühren. Die Eier nacheinander unterrühren (jedes etwa ½ Minute) und die Milch zufügen.

3. Das Mehl, die Speisestärke und das Backpulver mischen, sieben und kurz unterrühren. Den Teig auf ein gefettetes Backblech (30 x 40 cm) streichen. Die Stachelbeeren darauf verteilen. Das Backblech in den Backofen schieben.

Ober-/Unterhitze: etwa 180 °C (vorgeheizt)
Heißluft: etwa 160 °C (nicht vorgeheizt)
Gas: etwa Stufe 3 (vorgeheizt)
Backzeit: etwa 35 Minuten.

4. Nach etwa 15 Minuten Backzeit die Mandelblättchen auf den Kuchen streuen.

5. Den Kuchen auskühlen lassen und dick mit Puderzucker bestäuben.

DIE ZUTATEN:

750 g FRISCHE STACHELBEEREN ODER 2 GLÄSER (ABTROPFGEWICHT JE 360 g)

FÜR DEN RÜHRTEIG:
250 g WEICHE BUTTER ODER MARGARINE
175–250 g ZUCKER
1 PCK. VANILLIN-ZUCKER
ABGERIEBENE SCHALE VON 1 ZITRONE (UNBEHANDELT)
4 EIER (GRÖSSE M)
100 ml MILCH
200 g WEIZENMEHL
100 g SPEISESTÄRKE
2 TL BACKPULVER
75–100 g MANDELBLÄTTCHEN
ETWA 2 EL PUDERZUCKER

FÜR DEN TEIG:
250 g WEICHE BUTTER
200 g ZUCKER
1 PCK. VANILLIN-ZUCKER
1 PRISE SALZ
4 EIER (GRÖSSE M)
300 g WEIZENVOLLKORN-
MEHL
2 TL BACKPULVER
50 g GEHACKTE
WALNUSSKERNE
50 g GERIEBENE
SCHOKOLADE
1 EL RUM

FÜR DEN BELAG:
1,5 kg REIFE APRIKOSEN
ODER 2 DOSEN APRIKOSEN
(JE 480 g ABTROPF-
GEWICHT)
ETWA 150 g WALNUSS-
KERNHÄLFTEN

ZUM BESTÄUBEN:
50 g PUDERZUCKER ODER
ZUM BESTREICHEN 3–4 EL
APRIKOSEN-KONFITÜRE

VOLLKORNKUCHEN MIT APRIKOSEN UND WALNÜSSEN

1. Für den Teig die Butter mit dem Zucker, Vanillin-Zucker, Salz und den Eiern schaumig rühren. Das Mehl mit Backpulver mischen, auf die Eiercreme sieben und unterrühren. Zuletzt die Walnusskerne, Schokolade und den Rum unterrühren.

2. Den Teig auf ein gefettetes Backblech (30 x 40 cm) streichen.

3. Für den Belag die Aprikosen waschen, halbieren und entsteinen oder auf einem Sieb abtropfen lassen. Die Aprikosen mit der Rundung nach unten auf den Teig legen und jeweils eine halbe Walnuss hineingeben. Das Backblech in den Backofen schieben.

Ober-/Unterhitze: 180–200 °C (vorgeheizt)
Heißluft: 160–180 °C (nicht vorgeheizt)
Gas: Stufe 3–4 (vorgeheizt)
Backzeit: etwa 30 Minuten.

4. Den Kuchen nach dem Erkalten mit Puderzucker bestäuben oder die Früchte mit erhitzter Aprikosen-Konfitüre bestreichen.

Tipp:
Statt gehackte Walnusskerne können auch gehackte Mandeln in den Teig eingearbeitet werden. Der Belag sollte dann mit 150 g Mandelkernhälften belegt werden. Die Aprikosen können durch frische, reife Pfirsiche oder mit Pfirsichen aus der Dose ersetzt werden.

BLECHKUCHEN WÜRZIG UND PIKANT

FLAMMKUCHEN,
REZEPT SEITE 76

FÜR DEN HEFETEIG:

375 g WEIZENMEHL

1 PCK. TROCKENHEFE

1 TL ZUCKER

1 ½ TL SALZ

3–4 EL SPEISEÖL

ETWA 250 ml (¼ l)
LAUWARMES WASSER

FÜR DEN BELAG:

150 g SCHINKENSPECK

4 GROSSE ZWIEBELN

250 g SPEISEQUARK

250 ml (¼ l) SCHLAG-
SAHNE

PFEFFER, SALZ

GERIEBENE MUSKATNUSS

DIE ZUTATEN:

FÜR DEN HEFETEIG:

375 g WEIZENMEHL

1 PCK. TROCKENHEFE

JE 1 GESTR. TL MEERSALZ,
PAPRIKA EDELSÜSS UND
GEMAHLENER KÜMMEL

1 EI (GRÖSSE M)

200 ml LAUWARME MILCH

50 g ZERLASSENE,
ABGEKÜHLTE BUTTER

FÜR DEN BELAG:

500 g COCKTAILTOMATEN

5–6 EL TOMATENKETCHUP

SALZ, PFEFFER

75 g SALAMI-SCHEIBEN

150–200 g GOUDA

1 PCK. MOZZARELLA

JE 1 EL GEHACKTE MAJO-
RANBLÄTTCHEN UND
BASILIKUMBLÄTTCHEN

1 EL OLIVENÖL

FLAMMKUCHEN (FOTO SEITE 74/75)

1. Für den Teig das Mehl in eine Rührschüssel sieben und mit der Hefe sorgfältig vermischen. Die übrigen Zutaten hinzufügen und mit dem Handrührgerät mit Knethaken zunächst kurz auf niedrigster, dann auf höchster Stufe in etwa 5 Minuten zu einem glatten Teig verkneten. Den Teig abgedeckt an einem warmen Ort so lange gehen lassen, bis er sich sichtbar vergrößert hat.

2. Für den Belag den Schinkenspeck fein würfeln, ausbraten, herausnehmen und auf Küchenpapier zum Abtropfen geben. Die Zwiebeln abziehen, in Ringe schneiden und in dem Speckfett kurz dünsten und erkalten lassen.

3. Den Quark und die Sahne verrühren und mit den Gewürzen abschmecken. Den gegangenen Teig nochmals kurz durchkneten, halbieren und jede Teighälfte 2–3 mm dick zu einer ovalen, großen Platte ausrollen, auf ein gefettetes Backblech (30 x 40 cm) legen. Die Quarkmasse darauf streichen, dann mit den Zwiebeln und Speckwürfeln bestreuen. Das Backblech in den Backofen schieben.

Ober-/Unterhitze: etwa 250 °C (vorgeheizt), **Heißluft:** etwa 220 °C (nicht vorgeheizt)
Gas: Stufe 5–6 (vorgeheizt), **Backzeit:** etwa 12 Minuten.

TOMATENPIZZA (FOTO)

1. Für den Teig das Mehl in eine Rührschüssel geben und mit der Hefe sorgfältig vermischen. Die übrigen Zutaten hinzufügen und mit dem Handrührgerät mit Knethaken zunächst auf niedrigster, dann auf höchster Stufe in etwa 5 Minuten zu einem glatten Teig verarbeiten. Den Teig abgedeckt an einem warmen Ort so lange gehen lassen, bis er sich sichtbar vergrößert hat.

2. Für den Belag die Tomaten waschen, abtrocknen, die Stängelansätze entfernen, die Tomaten halbieren. Den Teig nochmals durchkneten, auf einem gefetteten Backblech (30 x 40 cm) ausrollen und mit Tomatenketchup bestreichen. Die Tomatenhälften mit der Schnittfläche nach oben auf dem Pizzaboden verteilen und mit Salz und Pfeffer bestreuen.

3. Die Salami-Scheiben halbieren oder vierteln, zwischen den Tomatenhälften legen. Den Käse grob reiben, darüber streuen. Den Mozzarella würfeln, ebenfalls auf der Pizza verteilen. Die Pizza mit Majoran- und Basilikumblättchen bestreuen und mit Olivenöl beträufeln. Das Backblech in den Backofen schieben.

Ober-/Unterhitze: 200–220 °C (vorgeheizt)
Heißluft: 180–200 °C (vorgeheizt)
Gas: Stufe 4–5 (vorgeheizt)
Backzeit: etwa 20 Minuten.

DIE ZUTATEN:

FÜR DEN HEFETEIG:
250 g WEIZENMEHL
½ PCK. TROCKENHEFE
¼ TL SALZ
1 EI
KNAPP 125 ml (⅛ l)
LAUWARME MILCH
50 g ZERLASSENE,
ABGEKÜHLTE BUTTER

FÜR DEN KNETTEIG:
125 g WEIZENMEHL
¼ TL SALZ
2 EL WASSER
75 g BUTTER
100 g GERASPELTER
GOUDA

FÜR DEN BELAG:
2 BECHER (JE 150 g)
CRÈME FRAÎCHE
50 ml MILCH
2 TL SPEISESTÄRKE
½ TL WORCESTERSAUCE
SALZ
FRISCH GEMAHLENER
PFEFFER
1–1,5 kg GESCHÄLTER,
BLANCHIERTER, GRÜNER
SPARGEL
150 g LACHSSCHINKEN IN
SCHEIBEN

SPARGELKUCHEN

1. Für den Teig das Mehl in eine Rührschüssel sieben und mit der Hefe sorgfältig vermischen. Die übrigen Zutaten hinzufügen und mit dem Handrührgerät mit Knethaken zunächst auf niedrigster, dann auf höchster Stufe in etwa 5 Minuten zu einem glatten Teig verarbeiten. Den Teig abgedeckt so lange an einem warmen Ort gehen lassen, bis er sich sichtbar vergrößert hat.

2. Für den Knetteig das Mehl in eine Rührschüssel sieben, die übrigen Zutaten hinzufügen und mit dem Handrührgerät mit Knethaken zunächst kurz auf niedrigster, dann auf höchster Stufe gut durcharbeiten. Anschließend auf der Arbeitsfläche zu einem glatten Teig verkneten.

3. Den gegangenen Hefeteig mit dem Knetteig verkneten und ⅔ des Teiges auf dem gefetteten Backblech (30 x 40 cm) ausrollen. Den Teig an einem warmen Ort nochmals gehen lassen und erst dann in den Backofen schieben.

Ober-/Unterhitze: etwa 200 °C (vorgeheizt), **Heißluft:** etwa 180 °C (vorgeheizt)
Gas: etwa Stufe 4 (vorgeheizt), **Backzeit:** etwa 10 Minuten.

4. Für den Belag Crème fraîche, Milch und Speisestärke glatt rühren und mit den Gewürzen abschmecken. Die Hälfte der Masse auf den Teig streichen. Die Spargelstangen in den Schinken wickeln und gleichmäßig auf der Creme verteilen. Die restliche Creme in die Zwischenräume geben.

5. Den restlichen Teig dünn ausrollen und in Streifen (2 x 6 cm) schneiden. Die Streifen in der Mitte drehen und auf den Schinken legen. Das Backblech in den Backofen schieben und **bei gleicher Backofentemperatur etwa 20 Minuten backen.** Den Spargelkuchen evtl. nach 10 Minuten Backzeit mit Alufolie abdecken.

ABRUZZENPIZZA

1. Für den Teig das Mehl mit der Hirse in eine Rührschüssel geben und mit der Trockenhefe sorgfältig mischen. Meersalz, Milch und Butter hinzufügen. Mit dem Handrührgerät mit Knethaken zunächst auf niedrigster, dann auf höchster Stufe zu einem Teig verarbeiten. Den Teig so lange an einem warmen Ort gehen lassen, bis er sich sichtbar vergrößert hat.

2. Für den Belag die Fleischtomaten kreuzweise einschneiden, kurze Zeit in kochendes Wasser legen (nicht kochen lassen), in kaltem Wasser abschrecken. Die Tomaten enthäuten. Im Mixbecher der Küchenmaschine pürieren. Die durchpressten Knoblauchzehen, Meersalz, Pfeffer, Oregano und Basilikum zu den Tomaten geben. Die Masse kurz aufkochen, erkalten lassen.

3. Den Hefeteig nochmals gut durchkneten. Auf einem gefetteten Backblech (30 x 40 cm) ausrollen, vor den Teigrand einen mehrfach umgeknickten Streifen Alufolie legen und mit der erkalteten Tomatenmasse bestreichen. Die Paprikaschoten putzen, entkernen, die weißen Scheidewände entfernen und waschen. Die Paprika in Streifen schneiden. Die Peperoni putzen, waschen und in kleine Scheiben schneiden. Die Zwiebeln abziehen und in Ringe schneiden.

4. Die Champignons putzen, waschen und blättrig schneiden. Die Oliven halbieren. Alle Zutaten auf der Tomatenmasse gleichmäßig verteilen und mit dem geriebenen Käse und Pfeffer bestreuen. Den Teig nochmals an einem warmen Ort gehen lassen. Dann das Backblech in den Backofen schieben.

Ober-/Unterhitze: 180–200 °C (vorgeheizt)
Heißluft: 160–180 °C (nicht vorgeheizt)
Gas: Stufe 3–4 (vorgeheizt)
Backzeit: 40–50 Minuten.

DIE ZUTATEN:

FÜR DEN HEFETEIG:
400 g WEIZENMEHL
½ PCK. FRISCHE HEFE
(20 G)
KNAPP 1 EL ZUCKER
6 EL LAUWARMES WASSER
3 EL SONNENBLUMENÖL
2 EIER (GRÖSSE M)
SALZ
PAPRIKAPULVER EDEL-
SÜSS

FÜR DEN BELAG:
2 GROSSE ROTE
PAPRIKASCHOTEN
500 g MANGOLD
OLIVENÖL
1 GEMÜSEZWIEBEL
SALZ

GEMÜSEKUCHEN (FOTO)

1. Für den Teig das Mehl in eine Schüssel sieben, in die Mitte eine Vertiefung eindrücken. Die zerbröckelte Hefe, Zucker und etwas Wasser verrühren, in die Vertiefung gießen. Mit einem Löffelstiel etwas von dem darunter liegenden Mehl darin verrühren, mit ein wenig Mehl bedecken. Dann mit einem Tuch bedeckt an einem warmen Ort etwa 10 Minuten gehen lassen.

2. Alle anderen Teigzutaten zugeben, unterkneten, evtl. noch etwas Wasser zufügen. Der Teig soll fest und gut knetbar sein. Den Teig zugedeckt ruhen lassen, bis er sich sichtbar vergrößert hat.

3. Für den Belag die Paprikaschoten unter dem Grill rundherum rösten, bis die Haut schwarz wird. Dann 10 Minuten in ein geschlossenes Gefäß oder eine Papiertüte geben. Danach die Haut, die Scheidewände und die Kerne entfernen. Die Paprikaschoten in Streifen schneiden.

4. Mangold waschen, welke Blätter entfernen. Dann alles in Streifen schneiden und 10 Minuten in etwas Öl garen, dabei umrühren. Die abgezogene Zwiebel nicht zu fein würfeln, ebenfalls in etwas Öl andünsten. Den Teig auf einem gefetteten Backblech (30 x 40 cm) ausrollen. Das Gemüse auf den Teig geben. Salz und etwas Öl darüber geben. Das Backblech in den Backofen schieben.

Ober-/Unterhitze: etwa 200 °C (vorgeheizt), **Heißluft:** etwa 180 °C (vorgeheizt)
Gas: etwa Stufe 4 (vorgeheizt), **Backzeit:** etwa 25 Minuten.

DIE ZUTATEN:

FÜR DEN KNETTEIG:
250 g WEIZENMEHL
1 GESTR. TL SALZ
1 EI (GRÖSSE S)
1–1 ½ EL KALTES WASSER
125 g KALTE BUTTER IN
STÜCKCHEN

FÜR DEN BELAG:
1 KNOBLAUCHZEHE
20 g BUTTER
500 g VORBEREITETER
SPINAT
SALZ, PFEFFER
GERIEBENE MUSKATNUSS
1 EI (GRÖSSE M)
1 EL SCHLAGSAHNE
250 g MOZZARELLA

SPINATPIZZA

1. Für den Teig das Mehl in eine Rührschüssel sieben, die übrigen Zutaten hinzufügen und mit dem Handrührgerät mit Knethaken zunächst kurz auf niedrigster, dann auf höchster Stufe gut durcharbeiten. Anschließend auf der Arbeitsfläche zu einem glatten Teig verkneten. Den Teig abgedeckt etwa 30 Minuten kühl stellen.

2. Für den Belag die Knoblauchzehe abziehen und hacken. Die Butter zerlassen, den Knoblauch darin andünsten, den gut abgetropften Spinat hinzugeben und zusammenfallen lassen. Den Spinat mit Salz, Pfeffer und Muskat kräftig würzen, abkühlen lassen. Das Ei und die Sahne unterrühren.

3. Den Teig auf einem gefetteten Backblech (30 x 40 cm) ausrollen, an den Rändern etwas hochdrücken. Die Spinatmasse darauf verteilen und das Backblech in den Backofen schieben.

Ober-/Unterhitze: etwa 200 °C (vorgeheizt), **Heißluft:** etwa 180 °C (vorgeheizt)
Gas: etwa Stufe 4 (vorgeheizt), **Backzeit:** 25–30 Minuten.

4. Nach 15–20 Minuten Backzeit den in Scheiben geschnittenen Mozzarella auf der Spinatmasse verteilen und zu Ende backen.

DIE ZUTATEN:

FÜR DEN HEFETEIG:
375 g WEIZENVOLLKORN-
MEHL
1 PCK. TROCKENHEFE
JE 1 GESTR. TL MEERSALZ,
PAPRIKA EDELSÜSS UND
GEMAHLENER KÜMMEL
1 EI (GRÖSSE M)
200 ml LAUWARME MILCH
ODER WASSER
50 g ZERLASSENE,
ABGEKÜHLTE BUTTER

FÜR DEN BELAG:
1,5 kg GEMÜSEZWIEBELN
1 KNOBLAUCHZEHE
3 EL SPEISEÖL
SALZ
FRISCH GEMAHLENER
PFEFFER
GEMAHLENER ROSMARIN
1 TL KÜMMEL
350 g MAGERER, DURCH-
WACHSENER SPECK
200 g MITTELALTER
GOUDA
3 EIER (GRÖSSE M)
2 EL CRÈME FRAÎCHE
ODER SAURE SAHNE

SCHWÄBISCHER ZWIEBEL-KUCHEN

1. Für den Teig das Vollkornmehl in eine Rührschüssel geben und mit der Hefe sorgfältig vermischen. Die übrigen Zutaten hinzufügen und mit dem Handrührgerät mit Knethaken zunächst auf niedrigster, dann auf höchster Stufe in etwa 5 Minuten zu einem glatten Teig verarbeiten. Den Teig abgedeckt an einem warmen Ort so lange gehen lassen, bis er sich sichtbar vergrößert hat.

2. Für den Belag die Zwiebeln abziehen, vierteln und in Scheiben schneiden. Die Knoblauchzehe abziehen und zerdrücken. Zwiebeln und Knoblauch in dem Öl glasig dünsten, mit Salz, Pfeffer, Rosmarin und Kümmel würzen und etwa 15 Minuten im offenen Topf dünsten, abkühlen lassen.

3. Den durchwachsenen Speck in Würfel schneiden und den Gouda raspeln. Speck, Gouda, Eier und Crème fraîche oder saure Sahne unter die Zwiebelmasse rühren und mit Salz und Pfeffer abschmecken. Den gegangenen Teig nochmals kurz durchkneten, rechteckig ausrollen und eine gefettete Fettfangschale (30 x 40 cm) damit auslegen. Den Teig an den Rändern etwas hochdrücken. Die Zwiebelmasse darauf verteilen.

4. Den Teig nochmals so lange an einem warmen Ort gehen lassen, bis er sich sichtbar vergrößert hat, erst dann das Backblech in den Backofen schieben.

Ober-/Unterhitze: 200–220 °C (vorgeheizt)
Heißluft: 180–200 °C (nicht vorgeheizt)
Gas: Stufe 4–5 (vorgeheizt)
Backzeit: etwa 40 Minuten.

KÄSEPIZZA

1. Für den Teig das Mehl in eine Rührschüssel geben, mit der Hefe sorgfältig mischen. Gewürze, Salz, Ei, Milch und Butter hinzufügen, mit dem Handrührgerät mit Knethaken auf niedrigster Stufe in etwa 5 Minuten zu einem glatten Teig verarbeiten, zugedeckt an einem warmen Ort so lange gehen lassen, bis der Teig sich sichtbar vergrößert hat. Nochmals durchkneten und auf einem gefetteten Backblech (30 x 40 cm) ausrollen.

2. Für den Belag die Zwiebeln abziehen, würfeln, in Butter glasig dünsten, abkühlen lassen. Die Tomaten waschen, die Stängelansätze herausschneiden, die Tomaten in Scheiben schneiden. Peperoni putzen, waschen, in Scheiben schneiden, Käse grob würfeln, die Zutaten auf dem Teig verteilen.

3. Für den Guss die saure Sahne, Schlagsahne und Eier verrühren, Mehl, Salz, Pfeffer und Muskat hinzufügen, gut verrühren, über den Belag gießen, mit Kümmel bestreuen. Das Backblech in den Backofen schieben.

Ober-/Unterhitze: etwa 200 °C (vorgeheizt)
Heißluft: etwa 180 °C (nicht vorgeheizt)
Gas: etwa Stufe 4 (vorgeheizt)
Backzeit: etwa 45 Minuten.

DIE ZUTATEN:

FÜR DEN HEFETEIG:
375 g WEIZENVOLLKORN-MEHL *1300*
1 PCK. TROCKENHEFE
1 TL GEMAHLENER KORIANDER
1 TL GEMAHLENER KÜMMEL
1 TL MEERSALZ
1 EI (GRÖSSE M)
180 ml LAUWARME MILCH *120*
75 g ZERLASSENE, *570* ABGEKÜHLTE BUTTER

FÜR DEN BELAG:
200 g ZWIEBELN
30 g BUTTER *220*
400 g FLEISCHTOMATEN
4 PEPERONI
400 g APPENZELLER KÄSE *1300*

FÜR DEN GUSS:
200 g SAURE SAHNE *480*
200 ml SCHLAGSAHNE
3 EIER (GRÖSSE M) *140*
3 EL WEIZENVOLLKORN-MEHL
1 TL MEERSALZ
FRISCH GEMAHLENER PFEFFER
GERIEBENE MUSKATNUSS
3 EL GANZE KÜMMEL-SAMEN

200 g WEIZENMEHL

200 g FRISCHKÄSE

200 g BUTTER

1 PRISE SALZ

FÜR DEN BELAG:

200 g GOUDA

2 ZWIEBELN

2 EL SPEISEÖL

500 g SAUERKRAUT

2 EIER (GRÖSSE M)

CAYENNEPFEFFER

KÜMMELSAMEN

6 METTWÜRSTCHEN

2 EL ROTE PAPRIKA, FEIN
GEWÜRFELT

1 TL MILCH

1 EIGELB

KRESSE

SCHNITTLAUCHRÖLLCHEN

DIE ZUTATEN:

FÜR DEN KNETTEIG:

200 g WEIZENMEHL

½ TL SALZ

1 TL PAPRIKA EDELSÜSS

1 EI (GRÖSSE M)

2 EL WASSER

100 g WEICHE BUTTER

FÜR DEN BELAG:

200 g GEKOCHTER
SCHINKEN

85 g GEFÜLLTE, GRÜNE
OLIVEN

200 g GERASPELTER, MIT-
TELALTER GOUDA

SAUERKRAUTKUCHEN MIT GITTER *(FOTO)*

1. Für den Teig Mehl in eine Rührschüssel sieben, mit den übrigen Zutaten mit dem Handrührgerät mit Knethaken zunächst kurz auf niedrigster, dann auf höchster Stufe zu einem glatten Teig verkneten.

2. In Klarsichtfolie verpackt einige Stunden oder über Nacht in den Kühlschrank legen.

3. Für den Belag den Käse fein würfeln. Die Zwiebeln abziehen, hacken, in Öl glasig dünsten. Das gut ausgedrückte Sauerkraut zugeben und etwa 10 Minuten mitdünsten. Abkühlen lassen.

4. Die Eier und den Käse unterrühren und mit den Gewürzen abschmecken.

5. ⅔ des Teiges in der Größe der Fettfangschale (30 x 40 cm) ausrollen, auf die gefettete Fettfangschale legen. Die Sauerkrautmasse darauf verteilen und mit 1 cm dicken Mettwurstscheiben und Paprikawürfelchen bestreuen.

6. Den Teigrest zur Größe des halben Backblechs ausrollen, mit einem Gitterroller darüber rollen. Vorsichtig über dem Sauerkraut auseinander ziehen, die Ränder gut andrücken. Das Gitter mit Milch verquirltem Eigelb bestreichen. Das Backblech in den Backofen schieben.

Ober-/Unterhitze: etwa 200 °C (vorgeheizt), **Heißluft:** etwa 180 °C (nicht vorgeheizt)
Gas: etwa Stufe 4 (vorgeheizt), **Backzeit:** etwa 30 Minuten.

7. Vor dem Servieren mit Kresse und Schnittlauchröllchen bestreuen.

SCHINKEN-OLIVEN-PIZZA

1. Für den Teig das Mehl in eine Rührschüssel sieben, die übrigen Zutaten hinzufügen und mit dem Handrührgerät mit Knethaken zunächst kurz auf niedrigster, dann auf höchster Stufe gut durcharbeiten. Anschließend auf der Arbeitsfläche zu einem glatten Teig verkneten. Den Teig auf einem gefetteten Backblech (30 x 40 cm) ausrollen, mehrmals mit einer Gabel einstechen. Das Backblech in den Backofen schieben.

Ober-/Unterhitze: etwa 240 °C (vorgeheizt), **Heißluft:** etwa 220 °C (vorgeheizt)
Gas: etwa Stufe 6 (vorgeheizt), **Backzeit:** etwa 5 Minuten.

2. Für den Belag den Schinken in Streifen und die Oliven in Scheiben schneiden. Schinken, Oliven und Käse nacheinander auf der Gebäckplatte verteilen. Das Backblech in den Backofen schieben und **bei gleicher Backofentemperatur noch einmal etwa 9 Minuten backen.**

DIE ZUTATEN:

FÜR DEN TEIG:
300 g (5 PLATTEN)
TK-BLÄTTERTEIG

ZUM BESTREICHEN:
1 ½ EL MILCH
1 EIGELB (GRÖSSE M)

ZUM BESTREUEN:
10 g KRESSE
KRÄUTERSALZ
FRISCH GEMAHLENER
PFEFFER
PAPRIKA EDELSÜSS
50 g GERASPELTER
GOUDA

FÜR DEN BELAG:
4 SCHEIBEN GEKOCHTER
SCHINKEN
500 g MAGERQUARK
1 BECHER (150 g)
CRÈME FRAÎCHE
75 g GERASPELTER
GOUDA
2 EL SCHLAGSAHNE
2–3 EL ORANGENSAFT
½ TL SENF
KRÄUTERSALZ
FRISCH GEMAHLENER
PFEFFER
1 PRISE ZUCKER
10 g KRESSE

ZUM GARNIEREN:
20 g KRESSE

KRÄUTER-IRRGARTEN

1. Für den Teig den Blätterteig nebeneinander abgedeckt bei Zimmertemperatur auftauen lassen. 3 Platten übereinander legen, zu einem Quadrat (28 x 28 cm) ausrollen und auf ein mit Wasser abgespültes Backblech legen.

2. Für die „Wände" 2 Platten jeweils zu einem Rechteck (22 x 10 cm) ausrollen, jeweils in 4 lange Streifen schneiden und ebenfalls auf ein mit Wasser abgespültes Backblech legen. Die Teigplatten mehrmals mit einer Gabel einstechen. Milch und Eigelb verschlagen. Den Teig damit bestreichen, mit den angegebenen Zutaten bestreuen und 20 Minuten ruhen lassen, dann die Backbleche nacheinander in den Backofen schieben.

Ober-/Unterhitze: 200–220 °C (vorgeheizt)
Heißluft: 180–200 °C (vorgeheizt)
Gas: Stufe 4–5 (vorgeheizt)
Backzeit: 10–15 Minuten (für die große Gebäckplatte) und 8–10 Minuten (für die Teigstreifen).

3. Das Gebäck auf einem Kuchenrost erkalten lassen.

4. Für den Belag die große Gebäckplatte mit den Schinkenscheiben belegen. Den Quark mit Crème fraîche, Käse, Sahne, Orangensaft und Senf verrühren und mit Kräutersalz, Pfeffer und Zucker abschmecken, die Kresse unterrühren.

5. Die Quarkcreme auf den Schinken streichen. Vier lange Gebäckstreifen um die Creme stellen und die restlichen Gebäckstreifen so zurechtschneiden, dass eine rechteckige Spirale davon gelegt werden kann. Die Gebäckstreifen in die Creme stecken. Zum Garnieren den „Irrgarten" mit Kresse bestreuen.

PIKANTER FISCH-GEMÜSE-KUCHEN

1. Für den Teig das Mehl in eine Rührschüssel sieben. Butter und Crème fraîche hinzufügen und mit dem Handrührgerät mit Knethaken zunächst auf niedrigster, dann auf höchster Stufe gut durcharbeiten. Anschließend auf der Arbeitsfläche zu einem glatten Teig verkneten. Den Teig 30 Minuten kalt stellen, ihn dann auf dem gefetteten Backblech (30 x 40 cm) ausrollen. In der Größe des Backblechs nach einer Schablone einen Fisch ausschneiden.

2. Für den Belag den Teig mit Kräuter Crème fraîche bestreichen und mit dem gut abgetropften, zerpflückten Thunfisch bestreuen. Die Tomaten waschen, die Stängelansätze entfernen, von den Zucchini die Stängelansätze abschneiden und waschen. Beides in Scheiben schneiden.

3. Den Fisch schuppenförmig in Reihen mit dem Gemüse belegen, mit Salz, Pfeffer und Oregano würzen und mit dem Käse bestreuen. Die Olive als Auge in die Gemüsemasse stecken. Aus dem restlichen Teig kleine Fische ausschneiden, mit Kondensmilch bestreichen und als Auge je 1 Pfefferkorn in den Teig drücken. Die Fische auf ein gefettetes, mit Backpapier belegtes Backblech legen.

Ober-/Unterhitze: 200–220 °C (vorgeheizt)
Heißluft: 180–200 °C (vorgeheizt)
Gas: Stufe 4–5 (vorgeheizt)
Backzeit: etwa 25 Minuten (für den großen Fisch),
etwa 8 Minuten (für die kleinen Fische).

DIE ZUTATEN:

FÜR DEN KNETTEIG:
250 g WEIZENMEHL
175 g BUTTER
1 BECHER (150 g)
CRÈME FRAÎCHE

FÜR DEN BELAG:
½–1 BECHER (65–125 g)
KRÄUTER CRÈME FRAÎCHE
1 DOSE THUNFISCH
NATURELL (ABTROPF-
GEWICHT 150 g)
4–5 FLASCHENTOMATEN
1–2 KLEINE ZUCCHINI
SALZ
FRISCH GEMAHLENER
PFEFFER
GEREBELTER OREGANO
150 g GERIEBENER
GREYERZER KÄSE
1 SCHWARZE OLIVE
KONDENSMILCH
ROTE PFEFFERKÖRNER

DIE ZUTATEN:

FÜR DIE SAUCE:
2 ZWIEBELN
2 KNOBLAUCHZEHEN
2 EL OLIVENÖL
200 g PASSIERTE
TOMATEN (FERTIG-
PRODUKT)
2 EL TOMATENMARK
1 EL GEREBELTER
OREGANO
1 TL GEREBELTES
BASILIKUM
1 TL SALZ
FRISCH GEMAHLENER
PFEFFER

FÜR DEN HEFETEIG:
1 PCK. (42 g) FRISCHE
HEFE
220 ml LAUWARMES
WASSER
1 TL ZUCKER
400 g WEIZENMEHL
(TYPE 405 ODER 550)
2 EL OLIVENÖL
2 TL SALZ

FÜR DEN BELAG:
200 g ARTISCHOCKENHER-
ZEN (AUS DEM GLAS)
2 TOMATEN
120 g CHAMPIGNONS
1 KLEINE ZUCCHINI
50 g SCHWARZE OLIVEN
2 EL ABGETROPFTE
KAPERN
125 g MOZZARELLA
80 g GOUDA
70 g GORGONZOLA
1 EL GEREBELTER OREGANO

PIZZA VOM BLECH

1. Für die Sauce die Zwiebeln und den Knoblauch abziehen und fein würfeln. Öl erhitzen, Zwiebeln und Knoblauch darin andünsten.

2. Tomaten, Tomatenmark, Oregano, Basilikum, Salz und Pfeffer dazugeben, die Sauce aufkochen, dann etwa 5 Minuten bei schwacher Hitze köcheln und abkühlen lassen.

3. Für den Teig die Hefe mit dem Wasser und Zucker anrühren, 10 Minuten gehen lassen. Das Mehl in eine Schüssel sieben, eine Vertiefung in die Mitte drücken, die restlichen Zutaten an den Rand und die gegangene Hefe in die Mitte geben.

4. Die Zutaten in 3–5 Minuten zu einem glatten Teig verkneten und abgedeckt gehen lassen, bis er sich sichtbar vergrößert hat.

5. Für den Belag die Artischockenherzen abtropfen lassen, halbieren. Die Tomaten waschen, Stängelansätze herausschneiden, Tomaten in Scheiben schneiden.

6. Die Champignons putzen, mit Küchenpapier abreiben, evtl. abspülen, in Scheiben schneiden. Die Zucchini putzen, die Enden abschneiden, Zucchini waschen, in Scheiben schneiden.

7. Den Teig nochmals durchkneten und auf einem gefetteten Backblech (30 x 40 cm) ausrollen. Die Tomatensauce gleichmäßig auf den Teig streichen, das vorbereitete Gemüse, Oliven und Kapern auf der Sauce verteilen.

8. Den Mozzarella in dünne Scheiben schneiden. Den Gouda raspeln. Den Gorgonzola in Würfel schneiden, die Käsesorten über das Gemüse geben. Den Oregano darüber streuen. Das Backblech in den Backofen schieben.

Ober-/Unterhitze: etwa 220 °C (vorgeheizt)
Heißluft: etwa 200 °C (vorgeheizt)
Gas: etwa Stufe 5 (vorgeheizt)
Backzeit: etwa 20 Minuten.

Tipp:
Die Pizza kann wahlweise auch mit Salami oder Schinken belegt werden.

DIE ZUTATEN:

FÜR DEN KNETTEIG:
300 g WEIZENMEHL
1 GESTR. TL BACKPULVER
½ TL SALZ
1 EIGELB (GRÖSSE M)
3–4 EL WASSER
25 g GERIEBENER
PARMESAN
175 g WEICHE BUTTER

FÜR DEN BELAG:
150 g CREMIGER BLAU-
SCHIMMELKÄSE
150 g BLAUE WEIN-
TRAUBEN
1 DOSE ANANASSCHEIBEN
(340 g ABTROPFGEWICHT)
200 g RAHM-CAMEMBERT
250 g GRÜNE WEIN-
TRAUBEN
150 g SCHAFSKÄSE
2–3 KIWIS
175 g SCHMELZKÄSE MIT
WALNUSSKERNEN
1 DOSE PFIRSICHE
(ABTROPFGEWICHT 460 g)
5 SCHEIBEN GOUDA

GEBACKENE KÄSEPLATTE

1. Für den Teig das Mehl mit dem Backpulver mischen und in eine Rührschüssel sieben. Die übrigen Zutaten hinzufügen und mit dem Handrührgerät mit Knethaken zunächst kurz auf niedrigster, dann auf höchster Stufe gut durcharbeiten. Den Teig 30 Minuten kalt stellen. Den Teig auf einem gefetteten Backblech (30 x 40 cm) ausrollen, mehrmals mit einer Gabel einstechen und das Backblech in den Backofen schieben.

Ober-/Unterhitze: etwa 200 °C (vorgeheizt)
Heißluft: etwa 180 °C (vorgeheizt)
Gas: etwa Stufe 4 (vorgeheizt)
Backzeit: etwa 15 Minuten.

2. Die Gebäckplatte erkalten lassen.

3. Für den Belag den Blauschimmelkäse in Scheiben schneiden. Die blauen Weintrauben waschen, halbieren und entkernen. Die Ananasscheiben abtropfen lassen. Den Camembert in Scheiben schneiden.

4. Die grünen Weintrauben waschen, halbieren und entkernen. Den Schafskäse würfeln und die Kiwis schälen und in Scheiben schneiden. Den Schmelzkäse in dicke Streifen schneiden und die Pfirsichhälften abtropfen lassen. Die Gebäckplatte mit dem Obst belegen und jede Obstsorte mit einer Käsescheibe belegen. Das Backblech in den Backofen schieben und **bei gleicher Backofentemperatur nochmals etwa 15 Minuten backen.**

SALAMIPIZZA

1. Für den Teig das Mehl in eine Rührschüssel sieben und mit der Hefe sorgfältig vermischen. Die übrigen Zutaten hinzufügen und mit dem Handrührgerät mit Knethaken zunächst auf niedrigster, dann auf höchster Stufe in etwa 5 Minuten zu einem glatten Teig verarbeiten. Den Teig abgedeckt so lange an einem warmen Ort gehen lassen, bis er sich sichtbar vergrößert hat.

2. Für den Belag die Zwiebeln abziehen, in Würfel schneiden und in dem Speiseöl glasig dünsten. Das Tomatenmark unterrühren und mit den Gewürzen abschmecken. Die Tomaten kurze Zeit in kochendes Wasser legen, kalt abschrecken, enthäuten, Stängelansätze entfernen, die Tomaten in Scheiben schneiden. Den gegangenen Teig nochmals kurz durchkneten und auf einem gefetteten Backblech (30 x 40 cm) ausrollen.

3. Die Tomaten-Zwiebel-Masse darauf verteilen, dann mit den Tomaten, Champignons, Salami, Käsescheiben und Peperoni belegen. Mit Pfeffer, Oregano oder Kräutern der Provence bestreuen. Den Teig nochmals an einem warmen Ort gehen lassen, bis er sich sichtbar vergrößert hat, das Backblech in den Backofen schieben, backen.

Ober-/Unterhitze: 180–200 °C (vorgeheizt)
Heißluft: 160–180 °C (vorgeheizt)
Gas: Stufe 3–4 (vorgeheizt)
Backzeit: 20–30 Minuten.

DIE ZUTATEN:

FÜR DEN HEFETEIG:
375 g WEIZENMEHL
1 PCK. TROCKENHEFE
1 TL ZUCKER
1 GESTR. TL SALZ
250 ml (¼ l) LAUWARMES WASSER
4 EL SPEISEÖL

FÜR DEN BELAG:
250 g ZWIEBELN
2 EL SPEISEÖL
4 EL TOMATENMARK
SALZ
FRISCH GEMAHLENER SCHWARZER PFEFFER
GEREBELTER OREGANO ODER KRÄUTER DER PROVENCE
500 g TOMATEN
200 g GEDÜNSTETE CHAMPIGNONSCHEIBEN
200 g SALAMISCHEIBEN
250 g GOUDA IN SCHEIBEN
3–4 PEPERONI (GLAS)

Zubereitung Hefeteig

1. Im Handel ist Trockenhefe und Frischhefe erhältlich. Das Backen mit Trockenhefe erfordert keine besonderen Vorarbeiten. Die Hefe wird sofort aus dem Päckchen ins gesiebte Mehl gestreut und mit dem Mehl sorgfältig vermischt.

2. Alle übrigen im Rezept angegebenen Zutaten zu dem Mehl geben. Nur in Gegenwart von Wärme entfaltet Hefe ihre volle Triebkraft - vor allem die Flüssigkeit (Milch oder Wasser) - sollte etwa 37 °C haben.

3. Die Zutaten zunächst mit dem Handrührgerät mit Knethaken kurz auf niedrigster, dann auf höchster Stufe etwa 5 Minuten verarbeiten. Der Teig muss glatt sein. Das Kneten des Hefeteiges bewirkt eine besonders gute Verbindung aller Zutaten untereinander unter Einschlagen von Luft. Die Hefe wandelt dabei Zucker und Mehl (Stärke) als Kohlenhydrate in Kohlensäure und Alkohol um und bewirkt dadurch eine Lockerung des Teiges.

4. Bei der Zubereitung mit Frischhefe, die zerbröckelte Hefe zusammen mit etwas Zucker (Honig) und lauwarmer Milch anrühren und in die Vertiefung des Mehls geben. Nur in Gegenwart von Wärme entfaltet die Hefe ihre volle Triebkraft. Die Milch sollte etwa handwarm sein, also etwa 37 °C haben.

5. Die übrigen Zutaten dürfen erst bei der Teigverarbeitung selbst mit der Hefe in Berührung kommen, vor allem Salz und Fett, denn sie würden die Tätigkeit der Hefe hemmen. Deshalb sollten diese Zutaten an den Rand der Schüssel gegeben werden und erst nachdem die Hefe mit dem Mehl vermischt ist, untergerührt werden. Am schnellsten kann sie Zucker verarbeiten, während sie Mehl (Stärke) abbauen muss.

6. Den Teig zugedeckt (mit Geschirrtuch oder Klarsichtfolie) an einem warmen Ort gehen lassen, bis er sich sichtbar vergrößert hat, z.B. in den Gas- oder Elektroherd. Dafür den Gasherd auf Stufe 8 drei Minuten vorheizen, dann die Flamme ausdrehen. Den Elektroherd auf 50 °C einschalten. Die Tür der Herde immer einen Spalt offen lassen, in dem z.B. ein Kochlöffel dazwischen gestellt wird.

Zubereitung Knetteig

Das Fett muss bei der Verarbeitung mit einem Handrührgerät oder mit einer Küchenmaschine weich (streichfähig) sein.

1. Mehl und Backpulver mischen und in eine Rührschüssel sieben. Mischen und Sieben lockern das Mehl auf und verteilen das Backpulver gleichmäßig im Mehl. Ist außerdem Kakao angegeben, ihn zum Mehl geben. Bei Verwendung von Vollkornmehl das Mehl und Backpulver in einer Schüssel nur mischen. Alle übrigen im Rezept aufgeführten Zutaten hinzufügen. Eier immer vor der Zugabe einzeln in eine Tasse aufschlagen und prüfen, ob sie frisch sind. Falls Flüssigkeit vorgeschrieben ist, sie auf den Zucker (Honig) geben. Das Fett (Butter oder Margarine) soll weich (streichfähig) sein. Nur so lassen sich die Zutaten gut verarbeiten. Mehr Mehl, als im Rezept angegeben, darf bei fettreichen Teigen nicht genommen werden, da der Teig dadurch krümelig und das Gebäck hart wird. Sind Früchte vorgeschrieben, sie zuletzt unterkneten.

2. Die Zutaten mit dem Handrührgerät mit Knethaken kurz auf niedrigster Stufe, dann auf höchster Stufe gut durcharbeiten. Die Zutaten lassen sich am besten verarbeiten, wenn das Fett weich (streichfähig) ist.

3. Anschließend mit den Händen auf der mit Weizenmehl bestäubten Arbeitsfläche zu einem glatten Teig verarbeiten. Dabei nicht zu viel Mehl auf die Arbeitsfläche sieben, damit der Teig nicht brüchig wird. Den Teig mit geschlossenen flachen Händen schnell verkneten.

4. Den Teig zu einer Rolle formen. Sollte der Teig kleben, ihn eine Zeit lang kalt stellen oder noch etwas Mehl hinzugeben. Damit sich der Teig besser ausrollen lässt, ihn zu einer Rolle formen. Das Kleben fettreicher Teige wird durch Kaltstellen beseitigt. An Teige mit Wasser oder Milch noch etwas Mehl geben. Bevor der Teig ausgerollt wird, die Arbeitsfläche von Teigresten reinigen, damit er nicht kleben kann, und sie gleichmäßig bemehlen.

5. Beim Ausrollen des Teiges muss sich die Teigrolle drehen und weich über den Teig gehen (nicht zu stark drücken). Während des Ausrollens ab und zu mit

einem großen Messer unter dem Teig herstreichen, damit er sofort gelöst wird, wenn er irgendwo kleben sollte.

Mehltypen

Mehl

Die Verarbeitung des Getreidekorns zum Endprodukt Mehl ist ein langer und aufwendiger Weg. Der Mahlprozess des gereinigten und gelagerten Getreides erfordert bis zu 20 Mahlvorgänge. Es beginnt mit dem Zerkleinern des Korns auf Walzen zu Schrot. Durch Absieben entfernt man Kleie und Keimling. Durch weiteres Sieben werden die verschieden großen Mehlkörperteilchen nach ihrer Größe getrennt. Erneutes Zerkleinern während der folgenden Mahlstufen ergibt Grieß (je nach Weizensorte Hartweizen- oder Weichweizengrieß). Die nächste Ausmahlungsstufe nennt man Dunst, im Handel als besonders feinkörniges, griffiges Mehl bekannt. Danach erfolgt die letzte Ausmahlung zu dem meistverbreitesten, feinen, weißen Mehl der Type 405. Dieses Mehl enthält nur noch wenig Anteile der Randschichten des Getreideskorns. Weizenvollkornmehl und Mehle mit einer höheren Typenzahl (z.B. Type 1050) werden in einer der vielen Zwischenstufen gewonnen. Weizenvollkornmehl besteht aus dem ganzen Korn, also auch aus den Randschichten und dem Keimling. Die Mehle mit einer höheren Typenzahl enthalten dementsprechend auch höhere Anteile an Randschichten des Korns. Unterschiedliche Anteile an Randschichten erkennt man auch an der Farbe des Mehls besonders deutlich. Vollkornmehle sind dunkler als Auszugsmehle.

Weizenauszugsmehl der Type 405

Diese feine, hellste Mehlsorte ist das Universal-Haushaltsmehl für alle Anwendungsbereiche und wird deshalb mit großem Abstand am häufigsten verwendet. Die Weizenmehltype 405 hat eine besonders hohe Backfähigkeit, da der Anteil der im Inneren des Mehlkörpers enthaltenen Eiweißstoffe besonders groß ist. Die Eiweißstoffe quellen beim Backen in der Feuchtigkeit des Teiges: Er erhält eine gute Festigkeit und Stabilität, wird zart und feinporig.

Dunst oder doppelgriffiges Mehl

Dies ist ein besonders feinkörniges, griffiges Mehl, das die Verarbeitung von schwierigen Teigen deutlich vereinfacht. Hefegebäcke gehen besser auf und Strudelteige werden lockerer.

Dunkles Weizenmehl Type 1050

Es enthält einen besonders hohen Anteil an Randschichten des Weizenkornes und ist deshalb reich an wertvollen Mineralstoffen, Vitaminen und Ballaststoffen. Durch die hervorragenden Backeigenschaften eignet es sich für Brot und viele andere Gebäckarten mit herzhaft kräftigem Geschmack.

Weizenvollkornmehl

Es wird aus hochwertigen, kräftigen Weizenkörnern mit der Schale gemahlen. Der hohe Schalenanteil lässt dem Mehl seinen vollen Geschmack, was es besonders wertvoll für eine gesunde Ernährung macht, und gibt ihm eine angenehm braune Farbe.

Weichweizengrieß

Er ist sehr feinkörnig, schalenfrei und wird aus Weichweizen ermahlen.

Hartweizengrieß

Er ist kernig, hart und herzhaft im Geschmack und wird ausschließlich aus dem hochwertigen, goldgelben Durum-Weizen gemahlen. Hartweizengrieß eignet sich besonders gut für Aufläufe, Klöße und Suppeneinlagen.

Roggenmehl Type 997

Dieses dunkle, kräftige Mehl ist voller wertvoller Mineralstoffe. Es enthält verdauungsfördernde Ballaststoffe und höherwertiges Eiweiß als die meisten anderen Getreidearten. Zusammen mit seinem herzhaften Geschmack wird es damit zum idealen Brotmehl.

Roggenvollkornschrot Type 1800

Dies ist ein aus dem ganzen Korn bestehendes Mahlprodukt. Je nach Korngröße unterscheidet man zwischen Grob- und Feinschrot. Roggenvollkornschrot wird vor allem in der Brotherstellung verwendet.

KAPITELREGISTER

HEYNE KOCHBUCH
07/2007

Herausgeber:	Genehmigte Lizenzausgabe für den Wilhelm Heyne Verlag, München, 2000
Copyright:	© 2000 by Ceres Verlag, Rudolf August Oetker KG, Bielefeld

Titelgestaltung:	Kontur Design, Bielefeld
Graphisches Konzept:	Andrea Kelger, Bielefeld
Gestaltung:	M·D·H Reiner Haselhorst, Bielefeld
Redaktion:	Jasmin Gromzik, Antje Günther
Rezeptberatung:	Annette Elges, Bielefeld
Fotos:	Heinrich Bauer Service KG, Hamburg
	Fotostudio Büttner, Bielefeld
	BSMG Worldwide GmbH, Hamburg
	CMA, Bonn
	Thomas Diercks, Hamburg
	Ulli Hartmann, Bielefeld
	Ketchum PR, München
	Kramp & Gölling, Hamburg
	Christiane Pries, Borgholzhausen
	Fotostudio Toelle, Bielefeld
	Brigitte Wegner, Bielefeld
Satz:	Typografika, Bielefeld
Reproduktion:	Mohn Media · Mohndruck GmbH, Gütersloh
Druck:	Mohn Media · Mohndruck GmbH, Gütersloh

Printed in Germany

ISBN 3-453-18215-4

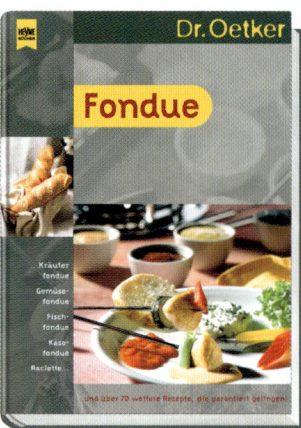